JN251219

Work Book of Child-Care Counseling and Support

保育相談支援
ワークブック

古川繁子 編著

田村光子・根本曜子・栗原ひとみ・植草一世 著

学文社

執筆者 (執筆順＊は編者)

田村　光子	植草学園短期大学	（第1章・第2章2・第3章1-2(1)(2)(3)-3・第4章1-(7)・3-4）
根本　曜子	植草学園短期大学	（第2章1）
＊古川　繁子	前植草学園短期大学	（第3章4-5・第4章5-6・終章）
栗原ひとみ	植草学園大学	（第2章3・第3章2-(4)(5)・第4章1-(1)-(6)・第4章3）
植草　一世	植草学園大学	（第4章2）

はしがき

　新カリキュラムが実施され「保育相談支援」という科目がもうけられ，5年が経過しました。今年，参議院議員選挙が行われ，世の中では子育て支援の話題がない日はありませんでした。安倍政権下において保育待機児童ゼロ，を公約に目標を掲げていますが，昨今の様子を見ていると何か違和感を感じます。子どもの育つ環境や発達の保障さらに保育の質については論じられているだろうかと。

　さらに，ベテランの保育士を雇用し続けられない状況は以前にもまして深刻です。たとえば，終身雇用で，産休などの社会保障が充実していた公立保育園が財源赤字の影響を受けて私立委託になっています。私立では大きな社会福祉法人であればまだしも，今や保育園は認可・未認可・承認・認証そして小規模保育園など，かなり基準を緩めて株式会社や個人が経営参加してきています。ベテラン保育士が少ないと，その少ないベテラン保育士にしわ寄せがいきます。新人職員教育や保護者対応，事故や障害への対応さらに保育相談や虐待が疑われる事例の発見・対応等々，3年未満の若い職員では対応できないことばかりが少ないベテラン保育士へ回ってきます。さらに，ベテラン保育士には，時間外保育や地域子育て支援など新しい制度の上で業務が増えています。ベテランであっても日常の保育以外に余力があるとは言えません。それらの改善に関する議論が少ないように思えます。

　そのような中で，保育士養成カリキュラムに「相談援助」「保育相談支援」という科目が設定されました。学生には限られた授業時間の中で，傾聴や対人援助の基本のスキルを紹介するだけになってしまいます。現実社会の変化の中で現代の保育現場に対応した「相談援助」「保育相談支援」ができるように工夫をしたつもりですが，実際には就職した後，卒後教育などで研修を続けてほしいと思っています。

　保育士を志し学ぶ学生のみならず卒業後の自己研鑽にも資するものができたのではないかと自負しています。さらに，ソーシャルワーク的視点からいえば，保育現場に就職してから保育上の社会的課題に対して，社会に改善を要求できる力をつけていってほしいところですが，紙面に限りがあり十分に触れることができませんでした。ただ期待することは，学び続け，保育現場をよりよくしていくのも保育士という対人援助専門職の仕事であるということが，このワークブックを通して感じていただければ幸いです。

2016年7月26日

古川　繁子

i

◆ 目　次 ◆

第1章　プロローグ—保育相談支援の意義 ··1

1. 現代の子育て・子育ちをめぐる視点 ··1

2. 保育所保育指針の中の保育相談支援 ··2

第2章　保育相談支援の基礎理論 ···7

1. 子ども家庭福祉の理論的視点 ···7

　（1）少子社会　7／（2）少子化の課題　9／（3）少子社会で育つ子ども　10／（4）子どもの貧困の視点　11／（5）子ども家庭福祉という考え方　13

2. 発達論・子どもの育ちをみつめる視点 ··15

　（1）乳幼児期の発達の特性　15／（2）子どもの発達・育ちの過程　17

3. 子ども・子育て新制度 ··21

第3章　保育相談支援における基本的な価値・倫理 ···25

1. 子どもの最善の利益—子どもの福祉の原点となる理念 ·····································25

　（1）「子どもの最善の利益」の理念　25／（2）日本における「子どもの最善の利益」の位置づけ　27／（3）「子どもの権利」について　30／（4）「子どもの参画」の考え方　30

2. エンパワメント・アプローチ—子ども・保護者の力を高める ·······························31

　（1）保育相談支援におけるエンパワメント・アプローチ　31／（2）エンパワメント・アプローチのながれ　32／（3）保護者のみならず「子どもの力（ちから）」を高める　32／（4）保育者の葛藤　33／（5）子育て支援等の対人援助職としての基礎　36

3. バイステックの7原則—保護者と信頼関係を築くために ···································36

　（1）個別化の原則　37／（2）意図的な感情表出の原則　37／（3）統制された情緒関与の原則　37／（4）受容の原則　37／（5）非審判的態度の原則　38／（6）自己決定の原則　38／（7）秘密保持の原則　38／（8）信頼関係（ラポール）の形成　39

4. 保育者の自己覚知の重要性 ··42

5. 全国保育士会倫理綱領 ··47

第4章　保育相談支援の方法と技術 ···53

1. 子育て支援 ··53

　（1）子育て支援の必要性　53／（2）子育て支援の2つの方向性　53／（3）子育て支援に必要な視点　53／（4）子育て支援の基本姿勢　58／（5）コミュニケーションにおける配慮　61／（6）子育て支援の具体的展開　63／（7）アセスメント（援助課題の把握・評価）　69

2. 保護者グループを支援する ··72

iii

（1）子育ち・子育て環境　72／（2）子育ち・子育ての新時代と多様な保育ニーズの到来　73
／（3）子育てを生き生きとしていくための支援の実際　73／（4）グループワークの実際　75
／（5）グループワーク　保育現場からの提言　77／（6）まとめ　79

3. 発達の遅れのある子をもつ保護者への対応……………………………………84

（1）保育現場における発達の遅れのある子への支援　84／（2）「気になる子」との出会い　85
／（3）発達の遅れのある子どもをもつ保護者の気持ちに寄りそう　88／（4）専門機関の利用
への抵抗感　89／（5）支援や環境の変化が子どもの育ちと保護者の思いを変えていく　89／（6）
障がいを受けとめていく過程に寄り添う　90

4. 特別な配慮が必要な家庭への対応……………………………………………96

（1）さまざまな背景をもつ家族への支援　96／（2）子どもへのネグレクトや虐待・生活困難
への配慮　98／（3）子どもの命，心，将来を守るために　99／（4）保育所で虐待の疑いを発
見した場合の対応の流れ　101／（5）外国籍の家庭に対する保護者支援　102

5. 地域資源の活用・連繋……………………………………………………109

（1）保育園と地域　109／（2）地域の子育て支援センター的役割　109／（3）保育活動と地域資
源　109

6. 保育者のスキルアップ……………………………………………………115

（1）事例検討（ケーススタディ）　115／（2）スーパービジョン（supervision）　121／（3）研修
129／（4）コンサルテーション（consultation）　132／（5）記録　135／（6）連携（リエゾン li-
aison）　139

終章　求められる保育士像………………………………………………………143

1. 保育相談支援と保育士像…………………………………………………143

2. 資格取得時の到達目標………………………………………………………145

3. 資格の重みと保育士の保育観・子ども観…………………………………147

巻末資料……………………………………………………………………153

参考文献……………………………………………………………………160

索　引………………………………………………………………………161

第1章

プロローグ—保育相談支援の意義

1. 現代の子育て・子育ちをめぐる視点

　日本の子どもの保育はいま転換期にあります。子どもを取り巻く社会が大きく変化し，それにともなって，子育てを取り巻く制度も大きく転換しており，保育に新たな視点が必要となってきたことを認識しておくことが大切です。

　まず，現代の子育てをめぐって大きな社会問題としてあげられるのが「子ども虐待」の問題です。身体的・精神的暴力や養育放棄など，子どもの命が犠牲となる事件を耳にすることが多くなっています。

　これまでは，子ども虐待の要因に「親の養育力の低下」が指摘されてきました。しかし，そこには，地域社会のつながりが希薄になることで「子育ての孤立化」が起きていることや，雇用の流動化や失業等による「家庭の経済的困難」等，子育て家庭を取り巻く社会的な要因も大きな影響を与えていることが指摘されています。また，「ひとり親家庭の増加」など，家族形態の変動も大きくなっています。子育ての責任を「親」だけに負わせていては，子ども虐待の相談件数は増加するばかりです。社会全体で子育て・子育ちをバックアップしていく視点が，いま求められているのです。

　日本において「子育て支援」という言葉が広く使用されるようになったのは，1990年代からだといわれています。ちょうどいま，大学生になったみなさんが幼児期のころでしょうか。日本が平成の時代を迎えたころ，「1.57 ショック」（1989（平成元）年）という言葉が，少子化という大きな社会問題を投げかけました。育児と仕事が両立するためのさまざまな支援の法律が整備されましたが，その後も，日本の少子化はますます進み，日本の合計特殊出生率は 1.26（2005（平成 17）年）まで落ち込んだのです。

　さらに，近年では，世界的なデータの比較を通して，日本の子どもの「疎外感の高さ」や，「自己肯定感の低さ」が指摘されています。世界の国々によって，子どもの発達には

文化的違いはあるものの，日本の子どもたちが家庭内や地域において，人とかかわりをもったり，役割を担ったりする経験が少なくなっていることは明らかです。習い事に追われ忙しさを感じている子どもたちが増加していることや，一方で，子どもの遊びもメディアや携帯ゲームなど屋内化している状況が指摘されています。そこには，子どもの誘拐事件の増加や公園遊具の劣化による死亡事故など，子どもを取り巻く社会環境の課題に加えて，子どもが以前にはみられなかった多様なアレルギーを抱えているなど，個別化した多種多様な配慮が必要になっている状況もあります。子ども自身が，周囲の環境や地域社会と自由に，そして安心して関わり合うには，現実的な問題が複雑に絡み合っていることを理解しなくてはならないのです。

　だからこそ，いまの日本では，より一層，子どもの育ちを見つめ，子育てを応援する社会を築いていくことが求められています。そして，子どもの育ちや子育ての専門的知識をもつ保育士に大きな役割が期待されているのです。保育士には，子育てを応援すること，また子育て・子育ちしやすい社会を築いていくための知識と技術，ノウハウを保護者に，そして地域社会に提供することが求められるようになっているのです。

2. 保育所保育指針の中の保育相談支援

　保育所保育指針は，保育所が守るべき最低基準を示したものです。日本の保育のガイドラインである保育所保育指針は，3回の改定を経て2008（平成20）年に，改訂保育所保育指針として示されました。改訂の背景には，これまで説明したような，子育て家庭や子どもの育ちをめぐる社会の大きな変化と，保育者の役割が広がってきていることが影響しています。

　保育所保育指針第1章「総則」には，「保育所の役割」は，「子どもの最善の利益」を理念とし，「家庭との連携」「子育て支援」がなされることであり，またそれらが「保育士の専門性」を基盤としてなされることが示されています。

　また，保育所保育指針第6章「保護者に対する支援」には，保護者に対する相談支援の基本的視点が示されています。加えて，保育所に入所している子どもの保護者との密接な連携の必要性や，保育所の地域における子育て支援の機能と役割について規定されています。つまり，保育者の保育業務には，日頃の子どもの保育に加え，保育者による保護者支援が明確に位置づけられているということです。「保育相談支援」とは，このような保護者に対する相談支援，および地域における子育て支援を促進させるための相談支援のこと

なのです。

　保育所保育指針には，「保護者に対する指導」「保育指導」という表現が用いられるところもあります。保育所保育指針解説書（厚生労働省，2008年）によれば，「保育指導」とは，「保育に関する専門的知識・技術を背景としながら，保護者が支援を求めている子育ての問題や課題に対して，保護者の気持ちを受け止めつつ，安定した親子関係や養育力の向上をめざして行う子どもの養育（保育）に関する相談，助言，行動見本の提示その他の援助業務の総体」としています。

　おおむね「保育相談支援」は「保育指導」と同じ意味をもっています。日々の生活場面で子どもとかかわる保育者の視点および保育士の専門性を基盤としながら，保護者の子育てを支援することを大切しています。日々の保育を通して，子どものすこやかな育ちを見つめ，願いを共有できる保育者だからこそ，子どもの思いと保護者の願いに寄り添った支援ができるのです。

　さらに，いま求められる保護者支援には，“指導”に加えて“支援”の要素を大切にするようになってきました。現代の子育てや子育ちをめぐる社会の大きな変化の中で，保護者が自信をもって子育てに向き合えるための支援や，保護者が困り感や悩みを表出できるように保護者との信頼関係を築く支援といった，子育てに悩みを抱える保護者への相談支援の技術が求められています。そこには，“ソーシャルワーク”や“カウンセリング”の知識や技術を取り入れながら保護者支援にあたることがめざされています。保育者の専門性や役割がより深く，そして広くなっているのです。保育所保育指針解説書においても，「保育指導」と「ソーシャルワーク」についての解説が加えられています。

保育相談支援　ワーク❶

保育所保育指針からよみとく

保育所保育指針解説書（厚生労働省，2008）を使って，次の部分をまとめてみましょう。

① 第1章「総則」2「保育所の役割」からみえる「保護者支援」

　① 子どもの最善の利益

　　保育所は「＿＿＿＿＿＿＿＿＿＿＿＿＿＿＿＿＿＿＿＿＿＿＿＿＿

　　＿＿＿＿＿＿＿＿＿＿＿＿＿＿＿＿＿＿＿＿＿＿＿＿＿＿＿＿＿＿」

　② 家庭との連携

　　保育所での保育が「＿＿＿＿＿＿＿＿＿＿＿＿＿＿＿＿＿＿＿＿＿＿

　　＿＿＿＿＿＿＿＿＿＿＿＿＿＿＿＿＿＿＿＿＿＿＿＿＿＿＿＿＿＿」

　③ 子育て支援

　　「＿＿＿＿＿＿＿＿＿＿＿＿＿＿＿＿＿＿＿＿＿＿＿＿＿＿＿＿＿＿

　　＿＿＿＿＿＿＿＿＿＿＿＿＿＿＿＿＿＿＿＿＿＿＿＿＿＿＿＿＿＿」

　　が保育所の役割」

　④ 保育士の専門性

　　1.＿＿＿＿＿＿＿＿＿＿＿＿＿＿＿＿＿＿＿＿＿＿＿＿＿＿＿＿＿＿＿

　　2.＿＿＿＿＿＿＿＿＿＿＿＿＿＿＿＿＿＿＿＿＿＿＿＿＿＿＿＿＿＿＿

　　3.＿＿＿＿＿＿＿＿＿＿＿＿＿＿＿＿＿＿＿＿＿＿＿＿＿＿＿＿＿＿＿

　　4.＿＿＿＿＿＿＿＿＿＿＿＿＿＿＿＿＿＿＿＿＿＿＿＿＿＿＿＿＿＿＿

　　5.＿＿＿＿＿＿＿＿＿＿＿＿＿＿＿＿＿＿＿＿＿＿＿＿＿＿＿＿＿＿＿

　　6.＿＿＿＿＿＿＿＿＿＿＿＿＿＿＿＿＿＿＿＿＿＿＿＿＿＿＿＿＿＿＿

② 第6章「保育士の専門性を生かした保護者支援」からみえる「保護者支援」

● 保育所における保護者に対する支援の基本

1. _____

2. _____

3. _____

4. _____

5. _____

6. _____

7. _____

● 保育指導とは

● ソーシャルワークとは

第2章

保育相談支援の基礎理論

1. 子ども家庭福祉の理論的視点

(1) 少子社会

　日本は終戦から驚異的な復興をなしとげ，高度経済成長を経て，世界でもっとも経済的に豊かな国のひとつとなりました。

　経済成長の中で人びとの生活にも変化がありました。都市への人口集中が進み，働くために地方から出てきた若者がそのまま都市部で家庭を持ち，核家族が増えました。高度経済成長期は1973（昭和48）年まで続きましたが，そのまま核家族での生活は続いています。図2-1を見ると，その後，昭和61年以降も三世代世帯などが減少し，核家族とよばれる世帯が増加していることがわかります。

　図2-2は，さらに子どものいる世帯の構造を表しています。現在では，子どものいる世帯の78.6％が核家族であることを示しています。

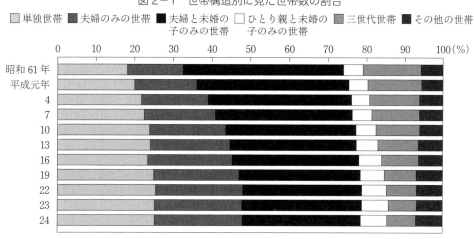

図2-1　世帯構造別に見た世帯数の割合

出典：「平成24年　国民生活基礎調査概況」より作成

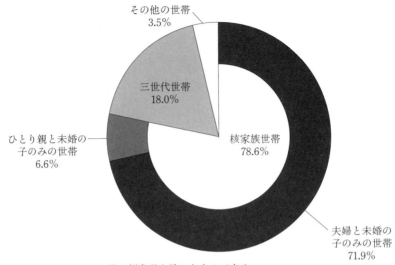

図2-2 世帯構造別にみた児童のいる世帯数の構成割合

注：福島県を除いたものである。

出典：厚生労働省「平成24年 国民生活基礎調査概況」より

核家族の生活は人びとの価値観も変化させました。都市部の住宅事情，教育費の負担，子育てと仕事の両立の難しさ，こうしたことが夫婦だけで行う子育てに影響してきたのです。そして次第に地方にまで広がりました。結婚をしても子どもはたくさん産まない夫婦が増加したのです。

表2-1　夫婦の完結出生児数（結婚持続期間15～19年）

調査（調査年次）	完結出生児数
1940年	4.27人
1952年	3.50
1957年	3.60
1962年	2.83
1967年	2.65
1972年	2.20
1977年	2.19
1982年	2.23
1987年	2.19
1992年	2.21
1997年	2.21
2002年	2.23
2005年	2.09
2010年	1.96

出典：国立社会保障・人口問題研究所「第14回出生動向基本調査」より作成

第2章◆保育相談支援の基礎理論

図2-3 出生数及び合計特殊出生率の年次推移

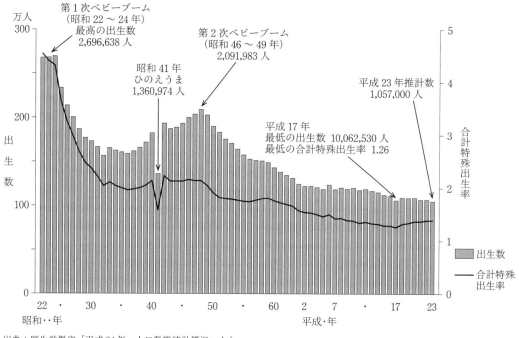

出典:厚生労働省「平成24年 人口動態統計概況」より

　表2-1は，結婚した一組の夫婦が最終的に産む子どもの数ですが，戦中は4.27人だったものが，戦後，急速に減り，最新の調査では2人を切りました。

　図2-3は，戦後からの出生率の変化の様子です。未婚の人も含め女性が一生の中で産む子どもの数です。第一次ベビーブームといわれた昭和24 (1949) 年には4.32人でしたが，その後，急速に減少しました。昭和41 (1966) 年のひのえうまの年に一時的に下がった1.58に徐々に近づき，高度経済成長が終わったといわれる昭和48 (1973) 年を最後のピークとして，平成元年に1.57と，とうとう下回りました。これは「1.57ショック」といわれています。その後1.26まで下がった後，微増していますが，増加しているとはいえません。

(2) 少子化の課題

　このような少子化は社会にどのような影響を与えるでしょうか。若い人の労働力が減少し，労働人口の高齢化が同時に起こります。社会保障において，高齢者の割合が増える分，給付が増大し，現役世代の負担が大きくなり，制度の維持が困難になります。人口は減少に転じ，社会の活力が低下し，経済は社会に深刻な影響が出ると考えられます。

　もうひとつの大きな課題は子どもたちへの影響です。子どもの数が減少し，ひとりの子

どもに対して親の関与が増えます。つまり子どもへの過干渉，過保護が生じます。また，子ども同士のふれあい，かかわりあいが減少し，子どもの社会性が育ちにくくなるなど子どもの成長への影響が懸念されています。そして，大人になるまでに乳幼児と接する機会が減少し，親となったときの育児不安につながるとも懸念されています。現在，子育て世代と呼ばれる20歳代から40歳代の人びとはすでに少子化の中で生まれ育っています。

(3) 少子社会で育つ子ども

近年，「子どもの三間」が失われているといわれています。「時間がない」放課後，塾や習い事に行くことが一般化し，遊ぶ時間が減少しています。「空間がない」遊び場といわれる場所，犯罪に巻き込まれることなく子どもたちが安全に過ごせる場所が減少しています。「仲間がいない」友達がいないわけではないが，ゲームに代表されるような，体験をともなわない，人と直接かかわりあわない遊びの中で生活しています。その中で子どもをめぐるさまざまな問題，いじめ，不登校，凶悪な少年犯罪などが深刻さを増しています。これらは社会の環境の変化と深く関連しているものと思われます。このような少子社会の課題を抱え，やがて子育て世代に成長しているのが実情です。

こうした中，意識の変化もともなって，結婚して子どもを産んだ後，ひとり親になる家庭が増えています。2004年の内閣府の男女共同参画社会に関する世論調査では，「結婚しても相手に満足できないときは離婚すればよい」という考え方は若い人ほど高く，20代

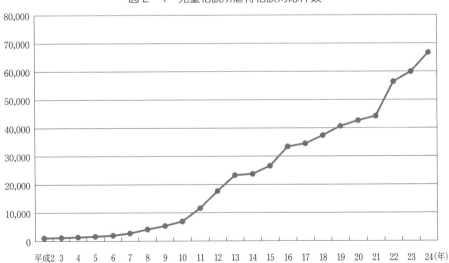

図2-4 児童相談所虐待相談対応件数

出典：厚生労働省「社会福祉行政業務報告」「福祉行政報告例」より作成

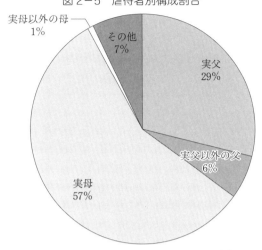

図2−5　虐待者別構成割合

出典：厚生労働省「平成24年度虐待の現状」より作成

では賛成とどちらかというと賛成を合わせると63.6％になっています。平成23（2011）年の全国母子世帯等調査結果報告では，母子家庭は123.8万世帯，同じく父子家庭は22.3万世帯です。昭和58（1983）年調査では，母子家庭は71.8万世帯で72.4％，父子家庭は16.7万世帯で，33.5％もの増加にあります。ひとり親家庭は，特殊な形の家庭とはいえないようになりました。

　また，子どもの虐待は子どもへの最大の人権侵害といわれています。図2−4では，児童虐待の相談件数が22年間で6倍になっていることがわかります。背景には子どもの虐待への社会的な関心が高まったことが相談件数の増加になったと考えられています。図2−5を見ると，虐待者は実父，実母を合わせると全体の86.2％に及びます。多くが家庭の中で起きています。少子化の中で育った子どもを知らない親の増加，親自身の未熟さなど家庭での子育てを支援する体制が求められています。

（4）子どもの貧困の視点

　子どもの貧困とは，「子どもが経済的困難と社会生活に必要なものの欠乏状態におかれ，発達の諸段階におけるさまざまな機会が奪われた結果，人生全体に影響を与えるほどの多くの不利を負ってしまうこと」[1]をいいます。いま，大きな社会変動によって仕事を失う保護者も増えています。経済的困難は，子どもの育ちに大きな負担を負わせてしまいます。

1）　子どもの貧困白書編集委員会編『子どもの貧困白書』明石書店，2009年，p.10

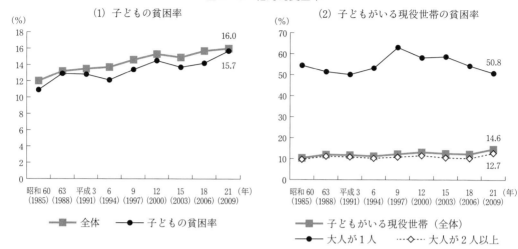

図2-6 相対的貧困率

(1) 子どもの貧困率　　(2) 子どもがいる現役世帯の貧困率

(資料) 厚生労働省「国民生活基礎調査」
(注) 1. 相対的貧困率とは，OECDの作成基準に基づき，等価可処分所得（世帯の可処分所得を世帯人員の平方根で割って調整した所得）の中央値の半分に満たない世帯員の割合を算出したものを用いて算出。
2. 平成6年の数値は兵庫県を除いたもの。
3. 大人とは18歳以上の者，子どもとは17歳以下の者，現役世帯とは世帯主が18歳以上65歳未満の世帯をいう。
4. 等価可処分所得金額が不詳の世帯員は除く。
出典：内閣府『平成26年版　子ども・若者白書』第3節　「子どもの貧困」より

　また，ひとり親家庭について，経済的な支援が不足していることも指摘されています。負の連鎖から虐待につながるケースも少なくありません。

　子どもの相対的貧困率を見てみると（図2-6），1990年代半ばから上昇傾向にあること，平成25年の国民生活基礎調査の概況からは子どもの相対的貧困率が16.3％，6人に1人に達しているとされています。国際比較においても，日本の子どもの貧困は国際的に見ても決して低いレベルではないことが指摘されています。日本の子どもの相対的貧困率は上昇傾向にあり，経済状況の悪化や家族構成の変化が影響を与えているといわれています。

　また，ひとり親家庭が増えている中で，とくに母子世帯の貧困率が高いことが指摘されています。とくに日本の課題は，「働いている」ひとり親世帯の貧困率が世界的にみても高いことです。世界的にみても，日本のひとり親世帯の就労率（約60％）はとても高いのですが，母子世帯の就労状況は，非正規雇用が多く，一生懸命働いても不安定な労働条件の中で子育てをしなくてはならない状況を強いられているのが現実です。

　保育現場でも経済的困難から保育料が払えなくなってしまう家族もいます。一方で，夫婦共働き世帯が増える中で，経済的に豊かな家族もいます。こうした経済的な格差が広がる社会の中で，子どもの育ちに差異があってはいけません。社会の変化が激しい現代社会では，子どもの成長・発達を，個々の親や家庭の責任としていく考え方のみでは，子ども

の最善の利益を守ることはできない状況があるのです。保育所は，「働くお母さんのためのサービス」ではなく，「子どもの福祉」としての役割を忘れてはいけません。

　保育現場，教育現場においても，貧困による子ども自身が課題を抱える姿が捉えられるようになっています。貧困による学力・健康の格差のみならず，将来の希望が見いだせず社会的孤立にもつながることが指摘されるようになってきました。乳幼児期は子どもの精神的な安定や主体的な行動力を育む原点です。その時期から，子ども自身が，将来に希望をもつことや，意欲や挑戦しようとする力を得る機会に格差が生まれないようにしていくことが大切です。

　2013年に「子どもの貧困対策の推進に関する法律」（以下，子どもの貧困対策法）が施行され，家庭の経済状態によって子どもの将来が左右されることのないような環境を整備することが確認されました。いま，子どもの育ちを支える社会は複雑化しています。保護者の労働が不安定化し家族形態も多様化し，その中で格差や貧困がすすんでいます。こうした中で，子どものための「養護」と「教育」が補完的に機能していく保育が求められているのです。

(5) 子ども家庭福祉という考え方

　福祉の考え方は長い間，個人や家庭で解決できない問題に対して対応するものでした。原因が個人や家庭という私的なものへのケアでした。しかし，近年では少子高齢化社会の課題が生じ，一方でノーマライゼーションのような考え方の広まりで，問題の発生原因を社会的なものととらえるようになってきました。また，社会福祉基礎構造改革の中で，福祉サービスのあり方が措置から契約へと変わりました。制度の側が決めるというより，サービス利用者の意思を尊重し，自立支援をするという考え方に変わりました。

　従来の児童福祉の領域は，子どもの権利条約（1989年），国際家族年（1994年）の影響を受け，子どもを保護の対象とだけ見るのではなく，子どもの主体性を尊重し，子どもの権利擁護を意識するようになりました。高橋重宏は「ウエルフェア（救貧的・慈恵的・恩恵的歴史を有し，最低生活保障としての事後処理的，補完的代替的な児童福祉）からウエルビーイング（人権の尊重・自己実現・子どもの権利擁護の視点から予防・促進・啓発・教育，問題の重度化・深刻化を防ぐ支援的・協働的プログラムの重視）への理念の転換である」といっています。ここから従来の「児童福祉」という用語に代わり「子ども家庭福祉」という用語を使うことで福祉の考え方の変化を積極的に意識するようになったのです。

保育相談支援 ワーク❷

子ども家庭をとりまく社会

① 最近の新聞記事から子どもや家庭をとりまくニュースや事件を集め，下欄に貼りましょう。

貼　付

② 集めた記事やテレビ報道の内容の要約とあなたがそれらから受けた印象や感じたこと，また，考えたことを400字程度でまとめましょう。

2. 発達論・子どもの育ちをみつめる視点

(1) 乳幼児期の発達の特性

　保育者が子どもの育ちを見つめるにあたって，子どもの発達について知っておくことは大切なことです。とくに乳幼児期は，身体的な発達や知的な発達とともに，情緒的，社会的，道徳的な発達の基礎が培われる大切な時期でもあります。乳幼児期の発達の特性は，保育所保育指針の中で，以下のようにまとめられます。

---

1. 乳幼児期の発達の特性

(1) 子どもは，大人によって生命を守られ，愛され，信頼されることにより，情緒が安定するとともに，人への信頼感が育つ。そして，身近な環境（人，自然，事物，出来事など）に興味や関心を持ち，自発的に働きかけるなど，次第に自我が芽生える。
(2) 子どもは，子どもを取り巻く環境に主体的に関わることにより，心身の発達が促される。
(3) 子どもは，大人との信頼関係を基にして，子ども同士の関係を持つようになる。この相互の関わりを通じて，身体的な発達及び知的な発達とともに，情緒的，社会的及び道徳的な発達が促される。
(4) 乳幼児期は，生理的，身体的な諸条件や生育環境の違いにより，一人一人の心身の発達の個人差が大きい。
(5) 子どもは，遊びを通して，仲間との関係を育み，その中で個の成長も促される。
(6) 乳幼児期は，生涯にわたる生きる力の基礎が培われる時期であり，特に身体感覚を伴う多様な経験が積み重なることにより，豊かな感性とともに好奇心，探究心や思考力が養われる。また，それらがその後の生活や学びの基礎になる。

「保育所保育指針」第2章「子どもの発達」より

　子どもの発達において大切なのは，愛情豊かな大人による保護や世話を通して安心できる環境の中で，人への信頼感と自己の主体性を形成していくことにあります。保育士との関わりは，子どもの心の育ちの基礎となる大切なものなのです。

1) 子どもの育ちに敏感な保護者たち

　ある子育て講座で乳児期の保護者からこのような質問を受けました。

　「友人からカラフルな色づかいの洋服やおもちゃを頂いています。その友人によれば乳幼児期から色の刺激が大切とのこと。どれも有名な欧米のメーカーのもののようです。子どもの成長に必要ならば仕方がないと思っているのですが，私はこうした色使いのものは

好きではないのです。色の刺激は本当に子どもの成長に必要なのですか？」

　たしかに子どもの心の育ちには刺激は大切なものでしょう。しかし，洋服やおもちゃで意図的に色の刺激を与えなくても，子どもの周辺には，子どもの育ちを促すさまざまな刺激にあふれています。何よりも大切にしたいのが，「保護者はあまり好きではない」ということです。乳児さんの一番身近な存在である保護者が抱いている思いが，お子さんにとっては一番大切です。そうしたことを改めて伝えること，これはあたりまえのことのようですが，いま求められる保育者の視点です。洋服やおもちゃなど「子どもの育ちによい」と商品化されたモノ・情報にあふれる社会の中で，子どもの育ちにおいて保護者が何を大切にしたいのか，保護者の思いが子どもの思いや子どもの育ちを飛び越えてしまっていないか，いま子どもの育ちにおいて何を大切にしたいのか，そうした視点を保育の専門性を通して伝えていくことが大切になってきているのです。

2）発達の遅れやうまく集団と関われないことへの心配

　いま「気になる子」として，特別な教育的支援を必要とする子どもへの注目が集まっています。文部科学省の調査（2002，2012 年の調査より）では，LD（学習障害）や ADHD（注意欠陥多動性障害），アスペルガー症候群等の特別な教育的支援を必要としている子どもが通常学級に 6％ほどいるととらえています。また，「小1 プロブレム」という問題も注目されています。小学校に入学したばかりの子どもが，授業中に座っていられなかったり，集団行動がとれなかったりといった状態が続いてしまうことをいうそうです。その要因は，カリキュラムの目的が「遊び」から「学び」にかわるギャップの大きさにあるという指摘もあるようです。

　こうした現象は小学生になってからの問題なのでしょうか。あるいくつかの幼稚園で保護者を対象にアンケート調査を行ったところ，「子どもの育ち」について，「障害がある」，「発達に気になる点がある」の他に，「子どもが集団で過ごす中で気になる点がある」という回答が，いくつかの園で，ある一定数（およそ 15％）あることがわかりました。障害や発達の遅れを心配するというより，「子どもが周囲の子どもたちとうまくやっていけないのではないか」という不安を抱く保護者が一定数存在しているのです。子どもの育ちを喜ぶべき乳幼児期に，「うまく育ってくれるだろうか」「遅れがあるのではないか」「何をしたら子どもの能力が伸びるのか」と，子どもの育ちや発達の遅れに敏感に反応する保護者が増えているのです。

(2) 子どもの発達・育ちの過程

子どもの育ちの過程をとらえるにあたって、個人差はあるものの、多くの子どもに共通して見られる成長・発達の特徴を示してくれるのが発達段階です。

子どもの育ちは、身長や体重などが量的に伸びていくことからとらえられますが、同時に子どもの心の育ちがあります。身長や体重と同じように量的に伸びるというよりも、子どもの周囲の人や環境とのかかわりあいを通して、感じたり、考えたり、ときに失敗するような体験もしながら、質的に変化していくのが特徴です。また、そこには知的な発達や子ども一人ひとりの個性も影響します。子どもの育ちを「縦」「横」の育ちととらえることもあります。階段を上っていくような段階的な「縦」の育ちに加えて、子ども自身の力や子どもを取り巻く諸条件に影響されながら「横」の育ちが見られていく、つまり「縦」にも「横」にも広がりながら子ども一人ひとりの個性のある人格的な基礎が芽生えていくと考えるとよいでしょう。

保育所保育指針では、以下の表の通り誕生から就学までの子どもの発達を8つの区分に分け、それぞれの特徴を示しています。

---

2 発達過程

子どもの発達過程は、おおむね次に示す8つの区分としてとらえられる。ただし、この区分は、同年齢の子どもの均一的な発達の基準ではなく、一人一人の子どもの発達過程としてとらえるべきものである。また、様々な条件により、子どもに発達上の課題や保育所の生活になじみにくいなどの状態が見られても、保育士等は、子ども自身の力を十分に認め、一人一人の発達過程や心身の状態に応じた適切な援助及び環境構成を行うことが重要である。

(1) おおむね6か月未満

誕生後、母体内から外界への急激な環境の変化に適応し、体重や身長が増加するなど、著しい発達が見られる。首がすわり、手足の動きが活発になり、その後、寝返り、腹ばいなど全身の動きが活発になる。視覚、聴覚などの感覚の発達はめざましく、泣く、笑うなどの表情の変化や体の動き、なん語などで自分の欲求を表現し、これに応答的に関わる特定の大人との間に情緒的な絆が形成される。

(2) おおむね6か月から1歳3か月未満

座る、はう、立つ、つたい歩きといった運動機能が発達すること、及び腕や手先を意図的に動かせるようになることにより、周囲の人や物に興味を示し、探索活動が活発になる。特定の大人との応答的な関わりにより、情緒的な絆が深まり、あやしてもらうと喜ぶなどやり取りが盛んになる一方で、人見知りをするようになる。また、身近な大人との関係の中で、自分の意思や欲求を身振りなどで伝えようとし、大人から自分に向けられた気持ちや簡単な言葉がわかるようになる。食事は、離乳食から幼児食へ徐々に移行する。

(3) おおむね1歳3か月から2歳未満

歩き始め、手を使い、言葉を話すようになることにより、身近な人や身の回りの物に自発的に働

きかけていく。歩く，押す，つまむ，めくるなど様々な運動機能の発達や新しい行動の獲得により，環境に働きかける意欲を一層高める。その中で，物をやり取りしたり，取り合ったりする姿が見られるとともに，玩具等を実物に見立てるなどの象徴機能が発達し，人や物との関わりが強まる。また，大人の言うことが分かるようになり，自分の意思を親しい大人に伝えたいという欲求が高まる。指差し，身振り，片言などを盛んに使うようになり，二語文を話し始める。

（4）おおむね2歳

歩く，走る，跳ぶなどの基本的な運動機能や，指先の機能が発達する。それに伴い，食事，衣類の着脱など身の回りのことを自分でしようとする。また，排泄の自立のための身体的機能も整ってくる。発声が明瞭になり，語いも著しく増加し，自分の意思や欲求を言葉で表出できるようになる。行動範囲が広がり探索活動が盛んになる中，自我の育ちの表れとして，強く自己主張する姿が見られる。盛んに模倣し，物事の間の共通性を見いだすことができるようになるとともに，象徴機能の発達により，大人と一緒に簡単なごっこ遊びを楽しむようになる。

（5）おおむね3歳

基本的な運動機能が伸び，それに伴い，食事，排泄，衣類の着脱などもほぼ自立できるようになる。話し言葉の基礎ができて，盛んに質問するなど知的興味や関心が高まる。自我がよりはっきりしてくるとともに，友達との関わりが多くなるが，実際には，同じ場所で同じような遊びをそれぞれが楽しんでいる平行遊びであることが多い。大人の行動や日常生活において経験したことをごっこ遊びに取り入れたり，象徴機能や観察力を発揮して，遊びの内容に発展性が見られるようになる。予想や意図，期待を持って行動できるようになる。

（6）おおむね4歳

全身のバランスを取る能力が発達し，体の動きが巧みになる。自然など身近な環境に積極的に関わり，様々な物の特性を知り，それらとの関わり方や遊び方を体得していく。想像力が豊かになり，目的を持って行動し，作ったり，描いたり，試したりするようになるが，自分の行動やその結果を予測して不安になるなどの葛藤も経験する。仲間とのつながりが強くなる中で，けんかも増えてくる。その一方で，決まりの大切さに気付き，守ろうとするようになる。感情が豊かになり，身近な人の気持ちを察し，少しずつ自分の気持ちを抑えられたり，我慢ができるようになってくる。

（7）おおむね5歳

基本的な生活習慣が身に付き，運動機能はますます伸び，喜んで運動遊びをしたり，仲間とともに活発に遊ぶ。言葉により共通のイメージを持って遊んだり，目的に向かって集団で行動することが増える。さらに，遊びを発展させ，楽しむために，自分たちで決まりをつくったりする。また，自分なりに考えて判断したり，批判する力が生まれ，けんかを自分たちで解決しようとするなど，お互いに相手を許したり，異なる思いや考えを認めたりといった社会生活に必要な基本的な力を身に付けていく。他人の役に立つことを嬉しく感じたりして，仲間の中の一人としての自覚が生まれる。

（8）おおむね6歳

全身運動が滑らかで巧みになり，快活に跳び回るようになる。これまでの体験から，自信や，予想や見通しを立てる力が育ち，心身ともに力があふれ，意欲が旺盛になる。仲間の意思を大切にしようとし，役割の分担が生まれるような共同遊びやごっこ遊びを行い，満足するまで取り組もうとする。様々な知識や経験をいかし，創意工夫を重ね，遊びを発展させる。思考力や認識力も高まり，自然事象や社会事象，文字などへの興味や関心も深まっていく。身近な大人に甘え，気持ちを休めることもあるが，様々な経験を通して自立心が一層高まっていく。

保育所保育指針第2章「子どもの発達」より

保育所保育指針においても，子どもの発達は年齢で均一的にとらえるのではないと示されています。各年齢において「おおむね」という言葉を用いて，子どもの発達の個人差や

行きつ戻りつ成長する子どものおおよその姿をトータルにとらえながら，子どもの育ちを見つめていくことを大切にしているのです。

「発達段階」から「子どもの育ちを見守る」視点へ

　子育て相談の場で，「いくつ（年齢）になったらなにができるのか」，また「それが早くできるためには親が何をしたらいいのか」という質問が多くあります。子どもの育ちが「目安に沿った育ち」になっているかどうかばかりを気にしている傾向が強く感じられるのです。子どもの育ちを「能力面の階段のぼりのように考えて，早くのぼるために，あれをさせる，これをさせるという大人主導の働きかけが強められていく傾向がある」と指摘されています。たしかに乳幼児期は子どもの人格形成の基盤を形成する時期ではありますが，乳幼児期の大人の関わり方がその子の一生を左右してしまうというような子育て観に振り回されてしまう保護者も多くいるのが事実です。またこうした子育て観が，保護者のみならず，子どもを育てる保育や教育現場にも強く影響を与えているといわれています。

　しかし，発達段階はおおむねの育ちの目安でしかないこと，近年の乳幼児研究では知的発達はもっと複雑なのです。子どもの発達は「階段をのぼっていく」ものから，「山あり谷あり」ととらえなおすことが大切です。また，子どもの育ちには「発達の凹凸」があるという見方で，おおらかに見守っていくことも大切です。

　こうした現代の子育て観は，子どもの育ちを取り巻く多くのモノ・情報に囲まれているからこそ生じています。保育者は，子どもの育ちに関する保護者の悩みや不安に寄り添いながらも，「何ができて何ができないか」という視点ではなく，「子どもの細やかな心の動きや思い」に寄り添いながらその質的な変化をとらえること，また，そうした子どもの育ちを適切に保護者に伝えていくことが大切です。「理想とされる大人に成長・発達すること」を子どもたちに求めるのではなく，「子どもたちが人とかかわりあいながら模索する姿や，いま目の前の課題に，自分なりの方法で解決しよう試みる姿」を伝えていきましょう。保護者や保育者のこうした思いは，自ら育とうとする子ども自身の力に何よりも大きな助けになるのです。

保育相談支援 ワーク❸

発達観の転換

① 子どもの立場にたって考えてみましょう。「理想とされる大人に成長・発達すること」を求められたとき，どんな思いになるでしょう。「子どもの思い」を言葉にしてみましょう。複雑な子どもの思いは，学生のみなさんが一番わかるのではないでしょうか。

② あなたは，先ほどの事例にあった保護者からの質問にどのように答えますか。「子どもの育ち」を大切にしたアドバイスを保護者に返してみましょう。

「友人からカラフルな色づかいの洋服やおもちゃを頂いています。その友人によれば乳幼児期から色の刺激が大切とのこと。どれも有名な欧米のメーカーのもののようです。子どもの成長に必要ならば仕方がないと思っているのですが，私はこうした色使いのものは好きではないのです。色の刺激は本当に子どもの成長に必要なのですか？」

3．子ども・子育て新制度

　2015 年 4 月子ども・子育て支援新制度がスタートしました。これは 2012 年 8 月に成立した子ども・子育て関連 3 法（「子ども・子育て支援法」「認定こども園法の一部改正」「子ども・子育て支援法及び認定こども園法の一部改正法の施行に伴う関係法律の整備等に関する法律」）に基づく新しい制度です。1990 年の出生率 1.57 ショックからエンゼルプラン以降，時代の課題となってきた少子化対策として，20 余年に及ぶ一連の施策の集大成ともいうべきものです。以下は子ども・子育て関連 3 法の主なポイントです。

子ども・子育て関連 3 法の主なポイント

1.　認定こども園，幼稚園，保育所を通じた共通の給付（「施設型給付」）及び小規模保育等への給付（「地域型保育給付」）の創設。

　　地域型保育給付は，都市部における待機児童解消とともに，子どもの数が減少傾向にある地域における保育機能の確保に対応する。

2.　認定こども園制度の改善（幼保連携型認定こども園の改善等）

　　幼保連携型認定こども園について，認可・指導監督を一本化し，学校及び児童福祉施設として法的に位置づける。認定こども園の財政措置を「施設型給付」に一本化する。

3.　地域の実情に応じた子ども・子育て支援の充実

　　教育・保育施設を利用する子どもの家庭だけでなく，在宅の子育て家庭を含むすべての家庭及び子どもを対象とする事業として，市町村が地域の実情に応じて実施していく。

4.　基礎自治体（市町村）が実施主体

　　市町村は地域のニーズに基づき計画を策定，給付・事業を実施する。

　　国・都道府県は実施主体の市町村を重層的に支える。

5.　社会全体による費用負担

　　消費税率の引き上げによる，国及び地方の恒久財源の確保を前提としている。

6.　政府の推進体制

　　制度ごとにバラバラな政府の推進体制を整備（内閣府に子ども・子育て本部を設置）する。

7.　子ども・子育て会議の設置

有識者，地方公共団体，事業主代表・労働者代表，子育て当事者，子育て支援当事者等（子ども・子育て支援に関する事業に従事する者）が，子育て支援の政策プロセスなどに参画・関与することができる仕組みとして，国に子ども・子育て会議を設置する。市町村等の合議制機関（地方版子ども・子育て会議）の設置努力義務とした。

子ども・子育て支援新制度

　この制度の方向性には大きくは2つの方向性があります。ひとつには保育の多様化によって社会的保育を拡大し，母親の社会的参加・就労を促そうとする方向性です。いわゆる仕事も子育てもの両立支援です。もうひとつの方向性は家庭で子育てをする母親たちへの支援です。孤立し，不健全になりがちな子育てを社会的にサポートする方向性です。代表的なものには地域子育て支援拠点事業があります。子育ての楽しさを共有するなどして，母親を育児主体者としてサポートする支援です。子育て支援の名のもとに親から子どもを奪い，子育てを代行するのではなく，子育て力を親が取り戻すことを支える支援でなければなりません。

保育所・幼稚園の子育て支援

　保育所保育指針第6章保護者に対する支援には，支援の基本が挙げられています。

(1) 子どもの最善の利益を考慮し，子どもの福祉を重視すること。

(2) 保護者とともに，子どもの成長の喜びを共有すること。

(3) 保育に関する知識や技術などの保育士の専門性や，子どもの集団が常に存在する環境など，保育所の特性を生かすこと。

(4) 一人一人の保護者の状況を踏まえ，子どもと保護者の安定した関係に配慮して，保護者の養育力の向上に資するよう，適切な支援をすること。

(5) 子育て等に関する相談や助言に当たっては，保護者の気持ちを受け止め，相互の信頼関係を基本に，保護者一人一人の自己決定を尊重すること。

(6) 子どもの利益に反しない限りにおいて，保護者や子どものプライバシーの保護，知り得た事柄の秘密保持に留意すること。

(7) 地域の子育て支援に関する資源を積極的に活用するとともに，子育て支援に関する地域の関係機関，団体等との連携及び協力を図ること。

幼稚園教育要領でも第1章総則第3教育課程に係る教育時間の終了後等に行う教育活動などにおいて「幼稚園の目的の達成に資するため，幼児の生活全体が豊かなものとなるよう家庭や地域における幼児期の教育の支援に努めること」と明記されています。また，第3章の教育活動などの留意事項では，「保護者が，幼稚園と共に幼児を育てるという意識が高まるようにすること」，「子育て支援のために保護者や地域の人々に機能や施設を開放して，幼児期の教育に関する相談に応じたり，情報を提供したり，幼児と保護者の登園を受け入れたり，保護者同士の交流の機会を提供したりするなど，地域における幼児期の教育のセンターとしての役割を果たすよう努めること」を幼稚園に求めています。

保育相談支援　ワーク❹

子ども子育て新制度

子ども・子育て関連３法を読んでみましょう。各々に書かれていることから，あなたが理解したこと，感じたことを下欄に書きましょう。

○子ども・子育て支援法

○認定こども園法の一部改正

○子ども・子育て支援法及び認定こども園法の一部改正法の施行に伴う関係法律の整備に
　関する法律

第**3**章

保育相談支援における
基本的な価値・倫理

1. 子どもの最善の利益―子どもの福祉の原点となる理念

　保護相談支援の本来的な目的は，第一に「子どもの最善の利益」にあります。保護者の悩みや不安に寄り添うことの原点は，子どもが健やかに育つためにあることを，保育者は常に確認することが大切です。

　「子どもの最善の利益」という考え方は，子どもの権利条約の第3条の中に示されているものです。保育相談支援を学ぶにあたって，「子どもの最善の利益」，また「子どもの権利」といった子ども支援の原点となる理念について学んでおきましょう。

(1)「子どもの最善の利益」の理念

　保育所保育指針では，「保育所における保護者に対する支援の基本」として，第一に「子どもの最善の利益を考慮し，子どもの福祉を重視すること」を大切にしています。子どもの権利条約の第3条において，子どもの最善の利益は次のように提示されています。

第3条　子どもの最善の利益
1，児童に関するすべての措置をとるに当たっては，公的若しくは私的な社会福祉施設，裁判所，行政当局または立法機関のいずれによって行われるものであっても，児童の最善の利益が主として考慮されるものとする。
2，締約国は，子どもの父母，法定保護者または児童について法的に責任を有する他の者の権利及び義務を考慮に入れて，児童の福祉に必要な保護及び擁護を確保することを約束し，このため，すべての適当な立法上及び行政上の措置をとる。
3，締約国は，児童の擁護または保護のための施設，役務の提供及び設備が特に安全及び健康の分野に関し並びにこれらの職員の数及び適格性並びに適正な監督に関し権限ある当局の設定した基準に適合することを確保する。

「子どもの最善の利益」の考え方は，子どもの福祉に関する広い範囲の問題を解決するために大切にされる原則です。欧米では，離婚問題における法的対応において「子どもがどの親と暮らすのか」が常に問題となってきました。古くは「子どもは親の持ち物」として考えられてきており，その後「母親優先の原則」が大切にされてきました。しかしながら「子どもの最善の利益」の考え方が採用されることにより，「子どもの福祉」の観点が最優先に考えられるようになりました。イギリスの児童法（1989年）では，こうした「子の福祉」の判断基準が示されています。その基準例は，以下のとおりです。

・子どもの年齢，性別，背景その他特徴
・子どもの確かめ得る意見と感情
・子どもの身体的，心理的，教育的および社会的ニーズ
・保護者支援のために子どもに対してとられた決定の結果，子どもを支援することとなる者（保護者や保育士等の専門職など）が，子どものニーズを満たすことのできる可能性
・保護者に対してとられた支援の結果，子どもの状況の変化が子どもに及ぼす影響
（『保育所保育指針解説書』pp.182-183参照）

「子どもの福祉」の観点には，子どもが望むことや子どもの思い，子どもが必要とすることを考慮することが大切にされています。さらに，保護者のみならず「保育者が子どものニーズを満たすことのできる可能性」や，支援の結果「状況の変化によって子どもに及ぼす影響」までを考慮することが求められているのです。

これまで見てきたように，日本における子育ち・子育て環境においても離婚家庭の増加や子ども虐待の増加など，欧米と同様の状況が生じています。保育現場においても，こうした家庭や社会の問題の中にある子どもの権利を，現在のみならず未来において守るという視点をもつことが大切です。その際，「子どもの最善の利益」の理念に立ち戻って，保育や保護者支援を振り返る必要があるのです。

それでは保育者として「子どもの最善の利益」をどのようにとらえたらよいでしょうか。子どもの育ちの原点ともなる乳幼児期に，直接子どもと関わる大人としてとても重要な役割をもっていることは明らかでしょう。

ここでは「子どもに関わることについて，それに関わる大人が関与する場合，現在や未来において子どもによりよい結果をもたらすような関与の仕方をしなければならないとす

る考え方」としておきます。大きな社会構造の変化の中で、「子どもの育ち」をどのように守っていくのか、日々の保育や保護者支援を通して「子どもの最善の利益」の解釈についても、その都度検討していくことが必要となるのかもしれません。

(2) 日本における「子どもの最善の利益」の位置づけ

　日本では、戦後、日本国憲法の精神にしたがい、「児童憲章」(1951 (昭和26) 年) が制定されました。児童憲章は、3つの基本理念と12の本文から成り立っており、日本の児童福祉の理念として位置づけられています。

　一方で、国際的流れの中では、「児童の権利に関する宣言」(1959 (昭和34) 年) において、「児童の最善の利益について、最高の考慮が払われなければならない」と示され、子どもの福祉は最優先の考慮事項であることが提示されます。さらにこの宣言が条約化されたのが、「子どもの権利条約」(1989 (平成2) 年) であり、すべての子どもの権利として4つの権利が保障され、上記に示した子どもの最善の利益が法的に拘束力をもって、保障されなければならないことが示されたのです。

　児童憲章と子どもの権利条約では、しばしばその子ども観が比較されることがあります。児童憲章では、子どもの福祉に必要な保護と擁護の保障を理念としているのに対して、子どもの権利条約では、子どもは「人」であるという前提にたち、子どもが主体的に自由や幸福を追求することができる、権利の主体者としての子ども観が大切にされています。子どもを「保護」から「主人公」へと押し上げていく子ども観と理解することができます。

　子どもが大人にむけて成長・発達していくためには、大人の関与は欠かせません。大人の庇護のもとで健やかな成長・発達を保障される権利があります。一方で、子どもは自らの意志や願望をもっていて、それを主張する権利をもっています。子どもは、大人との関係において弱い立場にあるからこそ、子どもが主体的かつ意欲的に生活することを保障することが大切なのです。

　子どもは、受動的権利 (守られたり、擁護されること) と能動的権利 (自ら行動したり、決定したりすること) のどちらも十分に保障されなければなりません。そのためには、大人は子どもの現在、そして未来において子どもによりよい結果をもたらすように関与すること、つまり「子どもの最善の利益」を保障するという考え方が大切になります。

保育相談支援　ワーク❺

子どもの最善の利益を考える

① 「子どもの最善の利益」の理念についてまとめておきましょう。

② 「児童憲章」と「子どもの権利条約」について，その基本理念について調べてまとめておき
　ましょう。

　　◎　児童憲章

　　　　児童は　_____

　　　　児童は　_____

　　　　児童は　_____

　　◎　子どもの権利条約

　　　　４つの権利　①　　　　　　　　　　　　　　　　　　　　　　　権利

　　　　　　　　　　②　　　　　　　　　　　　　　　　　　　　　　　権利

　　　　　　　　　　③　　　　　　　　　　　　　　　　　　　　　　　権利

　　　　　　　　　　④　　　　　　　　　　　　　　　　　　　　　　　権利

② 子どもが摘んできた野花を大切そうに飾っています。いつも歯磨きするコップの中に飾っているので，清潔も心配されます。「野花はすぐかれちゃうよ。」「いつも使うコップだから汚いよ」と声をかけると，子どもは納得できない顔つきです。その時の子どもの気持ちを考えてみましょう。

③ あなたの子ども時代にも，大人とのかかわり（親，先生，地域の人など）において，子どもの立場から納得できなかった場面はありませんでしたか。（大切にしていたものを勝手に捨てられてしまったなど……）思い出して話し合ってみましょう。

④ 大人はどんな関わりをしたら，「子どもの最善の利益」につながるのでしょうか。保育者として子どもの同意が得られないような難しい場面も想定しながら，考えてみましょう。

(3)「子どもの権利」について

　第2章でもみたように子どもの権利条約は，1989年に国連で採択されました。第二次世界大戦後も，いまだ戦火や紛争に巻き込まれ命を失う子どもたち，貧困地域で飢えに苦しんだり，教育を受けられない子どもたちがいます。先進国においても，複雑な社会の変化の中で，虐待をうけている子どもたちや，高い孤立感，ストレス，心の病を抱える子どもたちもいます。

　どの地域，どの時代，どの年代においても，子どもは「子ども」であると同時に「人」として権利を保障されるべき主体的な存在です。子どもの権利条約では，18歳未満を「子ども」と定義し，子どもの4つの権利が保障されること，子どもの基本的人権の尊重と確保を世界的観点から推進していくことをめざしています。日本は1994（平成6）年にこの条約に批准しました。

　子どもの権利条約では，生命権（第6条）やアイデンティティの権利（第7条，第8条），障がいのある子どもの権利（第23条），社会保障の権利（第26条），生活水準確保の権利（第27条）などの子どもの保護を必要とする規定に加えて，子どもの意見表明権（第12条），精神的自由権（第13条，第14条，第15条），人格権（第16条），出入国の権利（第10条）などの子どもの意思選択の自由や行動の自由を保障する規定の2つの側面をもって構成されています。日本では，子どもの権利の位置づけに文化的抵抗も根強くあったといわれており，その背景には「保護」なのか「選択・行動の自由」なのかという対立的な議論があります。しかし，子どもの権利には，両者も十分に保障されることが必要なのです。子どもを保護や規制の対象とだけ見て，規範を押しつけたり，自分で決めたのだからと自己責任を強調することは，子どもの権利を保障していない考え方です。だからといって，子どもの望み通りに何でも聞くことでもありません。子どもを養護しながら，子どもの声や思いに耳を傾け，子どもとともに決定したり，選択したり，試行しながら，子どもの将来の福祉が増進されるように支援することが大切なのです。

(4)「子どもの参画」の考え方

　「子どもの参画」は，子どもの権利条約を基盤として，権利の主体者として「保護」から「主人公」へという新しい社会運動の考え方ととらえられます。

　「子どもの参画」は，子どもと大人の関係が，支配する，または，される関係でなく，平等ないし対等の関係にあり，活動の意思決定過程に少なくとも対等もしくは子どもが中

心となり，求めに応じて大人が援助する活動の参与形態を大切にすることを提案しています。また，子どもの権利として，子どもが社会とかかわり，その活動の影響が社会変革へとつながることの大切さを伝えてくれています。

　保育現場においても，子どもが「自分で考え，自分で行動する」ことを大切にします。こうした子どもの行動は，子ども自身の心のうちで静かになされるものではなく，周囲の人や環境とのさまざまな関わりの中で行動してみて，はじめて子ども自身が自分の行動について考え，感じ，学びにつながっていきます。また，そうした関わりを重ねることで，協同性や，社会の一員としての意識を育むことにつながっていくのです。

　「子どもの最善の利益」においても，「子どもの権利」においても，大人が子どもの現在，そして未来において，子どもによりよい結果をもたらすように関与することを大切にしています。「子どもの参画」の考え方は，さらに，こうした子どもと大人の関係が，子ども自身の未来にかかわるのみならず，未来の社会形成の基礎にもなっていることを提示しているのです。

2. エンパワメント・アプローチ—子ども・保護者の力を高める

　エンパワメントとは，「元気にすること，力を引き出すこと」であり，ソーシャルワークでは「個人や集団が自分の人生の主人公となれるように力をつけて，自分自身の生活や環境をよりコントロールできるようにしていくこと」をいいます。

（1）保育相談支援におけるエンパワメント・アプローチ

　たとえば，子育ての中で子どもの育ちに不安を感じていたり，子どもとのかかわりにぎこちなさを感じている保護者がいます。その時は，保護者自身がもっている「親である力」に気づき，「親としての自信」をもてるように，保護者と関わっていく相談支援が必要です。はじめは保護者の話を受け容れながら，保護者と子どもとの関係が改善されることをめざして支援をしていきます。「親である力」に気づき始めたとき，保護者同士で悩みや子育て観を共有できるような，他の保護者とのつながりを支えていくという支援も考えられます。

　また，このように支援してもどうしても子どもと保護者の関係が改善されないこともしばしばです。もしかしたら，保護者の抱える問題が子育てにあるのではなく，家族や仕事などほかに問題を抱えているのかもしれません。その時は，保護者の話を受け容れながら，

保育時間を延長するなど，保育を通して保護者自身が問題解決にむかえるような時間や余裕をつくること，問題解決ができた時，より一層の親としての自信をもって子どもと関係がもてるように支援することが大切です。

(2) エンパワメント・アプローチのながれ

エンパワメント・アプローチは，子どもや保護者のエンパワメントをめざしたソーシャルワークであり，個人的なエンパワメントの次元から，社会的なエンパワメントの次元まで広がりをもって以下のように展開されるとされています。

エンパワメント・アプローチの展開過程

個人の次元	対人関係の次元	環境・組織の次元	社会・政治の次元
自己信頼	相互支援	権利の発見と主張	社会への働きかけ
対象者が自分自身と向き合い，自分が価値ある信頼できる存在であることを感じられるような支援を目指す	対象者が同じような問題を抱えた人々との出会いや語らいにより仲間意識がもてるように働きかける	対象者が自分の環境を見渡し，自分と組織や地域との関係を考え，そこで侵害されてきた自分の権利に気づき主張する	対象者が市民の意識を喚起し，政治，法律，社会制度，政策にまで低減したり，新たに社会資源を作り出す活動への参加を通して，力を強化していくことを目指す

出典：川村隆彦『事例と演習を通して学ぶソーシャルワーク』中央法規出版，2003 年より作成

エンパワメント・アプローチは，対象とする人がどのような状態にあるかによって4つのステージに分けられています。とくに保育相談支援において注目したいのが，最初のステージ，自己信頼を取り戻す場面です。人が否定的な環境に取り巻かれると，問題に対処できなくなり，本来，もっているはずの力が奪われ，無力状態（パワーレス）に陥っています。こうした地点から，受容，傾聴，共感などのカウンセリングの基本的な技法を駆使しながら，まず自分自身を信頼できるようになることや，自分が受け入れられ信頼されていることを感じることができるようになることをめざします。こうした「基本的信頼感」こそ，親としての自信の源となるのです。

(3) 保護者のみならず「子どもの力（ちから）」を高める

保育相談支援では，保護者だけでなく，子どもの力もともに高めていくことが求められます。保育所では，虐待や障がい，ひとり親家庭などさまざまな背景から特別な支援や配慮を必要とする子どもや保護者がいます。子ども自身が現在おきている状況を理解できないことで混乱してしまったり，言葉や心を閉ざしてしまうこともあるのです。子どもが出

すサインを受け止めながら，日々の保育を通して子ども自身の力を支えていくことが大切です。さらに，子どもと保護者の関係を支援し，保護者の思いや悩みを受け止める支援が展開されることもありますし，担当者だけでなく園の職員全体で見守っていく支援が展開されることもあります。さらに一層の対応が必要な場合には，さまざまな専門分野の関係機関と連携を図っていくことが求められます。

エンパワメント・アプローチにおいても，まず考慮しなければならないのは「子どもの最善の利益」です。時に，相談支援の場面で，「どうして保育者なのに，ここまでお母さんの話を聞いてあげなくてはならないの」と感じることもあるかもしれません。保護者支援であっても，それが「子どもの最善の利益」のためであることを考慮しましょう。さらに，その保護者支援が子ども不在の支援ではないかを見極めることも必要です。そのために大切になるのが「親と子のパートナーシップ」という考え方です。子育ては，親から子への一方的なかかわりではなく，子どもとともに過ごす中で，親もともに学びながら，時に子どもの力も借りながら，お互いに成長していく営みであることを伝えていきましょう。この考え方は，保育者にとっても，日々の保育を振りかえる上で大切になるのではないでしょうか。

いま「子育ての孤立化」が指摘されています。その中で，親と子，それを取り巻く人間関係も多様化しています。「親と子がこうした関係であるべき」といった考え方から，「それぞれの親と子の関係性を築いていく」という視点，つまり親と子がともにエンパワメントしていく関係性を追求し，支援していくという考え方が大切になるのです。

(4) 保育者の葛藤

保育所保育指針第6章「保護者に対する支援」では，保育所における保護者に対する支援の基本を示しています。その中では「子育て等に関する相談や助言に当たっては，保護者の気持ちを受け止め，相互の信頼関係を基本に，保護者一人一人の自己決定を尊重すること」と明記されています。同時に第1章総則2保育所の役割（2）には，「子どもの最善の利益を考慮し，子どもの福祉を重視すること」とも明記されています。

「子どものため」と「保護者の思いの尊重」との間で葛藤をかかえる場合もあります。このような場合はどちらか一方ではなく，車の両輪のように，時には長期的視野に立って，子どもにも保護者にも働きかけていくことで，相談支援を充実していくことが求められています。

保育相談支援 ワーク❻

わたしはわたしが好きです。なぜならば。

目的	自己受容
ねらい	自画自賛丸出しで，自分のよいところを表現することによる自己概念の再構成。
時間	20分
人数	5〜6人のグループ
やり方	「わたしはわたしが好きです。なぜならば」を枕詞（まくらことば）にして，自己アピールします。1人ずつ順番に言っていきます。
手順	①　3分間，自分のよいところを考える。 ②　1人1こずつ順番に「わたしはわたしが好きです。なぜならば…だからです」と声に出して言っていく。 ③　聞き手は真剣に聞く。
シェアリング	「この体験をして感じたこと，気づいたことをグループで自由に出し合って下さい」

①　次の（　　　　　）に理由を書きましょう。

「わたしはわたしが好きです。なぜならば（　　　　　　　　　　　）だからです。」

「わたしはわたしが好きです。なぜならば（　　　　　　　　　　　）だからです。」

「わたしはわたしが好きです。なぜならば（　　　　　　　　　　　）だからです。」

②　声に出して1人ずつ順番に言っていきましょう。

③　この体験をして感じたことを書いておきましょう。

第3章◆保育相談支援における基本的な価値・倫理

保育相談支援 ワーク❼

わたしはあなたが好きです。なぜならば。

目的	自己理解
ねらい	無条件の好意の念を伝え合うことによって相手の自己肯定感を育成する。
時間	20分
人数	5〜6人のグループ
やり方	1人の人に対して「わたしはあなたが好きです。なぜならば」を枕詞（まくらことば）にして，良いところを言っていきます。1人ずつ順番に言っていきます。相手の顔を見て，言われる人も相手の顔を見て，黙って聞いて下さい。恥ずかしがらずに取り組みましょう。
手順	①　3分間，仲間のよいところを考える。 ②　1人の人に対してメンバーが1こずつ順番に「わたしはあなたが好きです。なぜならば…だからです」と声に出して言っていく。 ③　言われる人は真剣に聞く。
シェアリング	「この体験をして感じたこと，気づいたことをグループで自由に出し合って下さい」

①　次の（　　　　）に理由を書きましょう。

「わたしはあなたが好きです。なぜならば（　　　　　　　　　　　　　　　）だからです。」

「わたしはあなたが好きです。なぜならば（　　　　　　　　　　　　　　　）だからです。」

「わたしはあなたが好きです。なぜならば（　　　　　　　　　　　　　　　）だからです。」

②　声に出して1人ずつ順番に言っていきましょう。

③　この体験をして感じたことを書いておきましょう。

35

（5）子育て支援等の対人援助職としての基礎

　対人援助職としての基礎的な技術を修得することは大事です。けれど，もっと大事なことは自分を生きることが楽しいと思えたり，相手とかかわることが面白いと思えたりといった肯定的な感情です。けれど，人間の内面には肯定的な感情だけではなく，否定的な感情が存在することもまた確かなことです。肯定的な感情をもち続けることができるように，もしくは肯定的な感情の比率が少しでも高まるように意識してみることです。意識するにはあえて言葉にして言ってみることをお勧めします。自分の口からでた言葉を，自分の耳から再び自分の体にもどして，その繰り返しで肯定的な感情を太らせていきましょう。

3．バイステックの7原則―保護者と信頼関係を築くために

　保護者支援において一番大切なことが，保護者との信頼関係を築くことです。悩みや不安を抱えている保護者の思いに寄り添い，その思いを受けとめるために理解しておきたいのが，ソーシャルワークの原則です。バイステック（Biestek, F. P.）は，援助する側と援助をうける側の間の「信頼関係」を構築するための7つの原則を以下のように示しています。

バイステックの7原則

① 個別化の原則

　人間は，特定の人格を持つかけがえのない個人として尊重されなければならない。

② 意図的な感情表出の原則

　利用者が自己の肯定的感情や否定的感情を自由に気兼ねなく表出できるように意図的にかかわる。

③ 統制された情緒関与の原則

　援助者は自分の感情を自覚して吟味して，かかわる。

④ 受容の原則

　あるがままに全人的に受容れる。また価値ある人間として受けとめる。

⑤ 非審判的態度の原則

　援助者は，道徳的観念や自分自身の価値観から利用者を一方的に非難しない。

⑥ 自己決定の原則

　人は自己決定をすることについて生まれながらの能力を持っている存在であり，自主的な行為者として，自己決定を促し，尊重する。

⑦ 秘密保持の原則

　打ち明けられる利用者の秘密を要する情報は第三者にもらしてはならない。

（1）個別化の原則

保護者支援では，保育者は「一人の個人としてあなたを尊重している」ことを常に意識することが大切です。

保護者の相談を受ける中で，他のお子さんの話題を出した途端ふさぎ込んでしまうことがあります。子どもの育ちに不安を抱えている保護者は「なぜうちの子だけできないのか」といった思いを抱いていることが多くあります。「他の人と比べられたくない」「私の育て方が悪いの？」という気持ちに苛まれてしまうことにつながってしまうのです。保護者の悩みは個別のものであることを意識することは相談支援にはとても大切です。

（2）意図的な感情表出の原則

保護者は相談支援において否定的感情を自由に表現したいというニードをもっていることを認識することが大切です。

悩みや問題を抱えている保護者は，不満や怒りや悲しみなど言葉にならないさまざまなネガティブな感情を抱えていることも多くあります。保護者自身が自分の感情を向き合えるようにするためには，無条件に関心を向け，傾聴する姿勢が大切になります。また，コミュニケーション技法を用いることも有効です。「相手の感情を繰り返していうこと」（繰り返し）や，「相手の感情に共感すること」（支持）などの技法をもちいながら，保護者の抑圧された感情を言語化することを援助します。

（3）統制された情緒関与の原則

保育者は，保護者の表出する感情を傾聴する中で，その感情的な行動や否定的な言葉に対して，「理解できない」と反射的に拒否してしまうことがあります。保育者は，そうした自分の感情を自覚しながら，吟味して保護者に向き合うことが求められるのです。

保護者の表出する言葉をストレートに受けとめて拒否するのではなく，自分の感情をコントロールしながら，その言葉の裏にある保護者の思いに応えることが大切です。感情的な行動や否定的な言葉の裏には，多くは「つらい」という感情や，大きなストレスがかかっていることが多いのです。そうした思いに適切に応えていくことが大切なのです。

（4）受容の原則

悩みや不安を抱えている場合，相手が自分を受け容れてくれる存在なのかどうかは大切

な判断基準です。保育者は，保護者を価値ある人間として受け止めることが大切です。

　保育者自身が，受け容れてくれる存在にならなければ，保護者自身も保育者の支援を受け容れてはくれないのです。受容の原則は，他の原則とも絡み合いながら，常に保育者が示さなくてはならない態度なのです。

(5) 非審判的態度の原則

　保護者の相談を受ける中で，保育者にも考えや思いが生まれてきます。保護者にその思いを伝えるにあたって，まずは保護者の思いを一方的に非難したり，反論したりしない態度が大切です。

　相談を通して，保護者は，時間をかけながらも「何が問題なのか」ということに気がついている場合も多いのです。保育者が保護者の気持ちに共感し，受け止めてくれること，また非難しない態度をとることで，保育者の思いが自然に伝わり，保護者が自ら問題に向き合い，考えを修正していくことにつながるのです。

(6) 自己決定の原則

　相談を受ける中で心がけなければならないのは，保護者自身が選択したり，決定したりすることを大切にすることです。他の誰でもなく自分自身で決めることが一番納得のいく解決策なのです。

　保育者は，悩みや問題を抱えた保護者においても，保護者自身が選択したり，決定したりする力があることを信じることが大切です。また，保護者との対話の中で，保護者自身がどうしたいのか，いま何が問題になっているのかなど，問題を明確化していく技術も必要です。

　バイステックは「人は，自己決定を行うクライエントが利用することのできる適切な資源を地域社会や彼自身の中に発見して活用するよう援助する責務」を指摘しています。保育者は，保護者の力を信じることを基本としながら，専門家としての知識（社会的な資源や情報など）を提供しながら，一緒に考える姿勢が求められるのです。

(7) 秘密保持の原則

　秘密保持は相談支援の基本です。バイステックは「秘密保持はクライエントの基本的権利」であり，「秘密を保持する義務はこれらすべての専門家を拘束するものである」と指

摘しています。

　現代の社会はスマートフォンなどが発達し，実際に顔をあわせなくても，他人と社会的関係が結べる時代になりました。しかし，個人的に自由に情報発信することが許されても，保育者や相談員など，デリケートな個人情報を扱う仕事を担う人は，自分の情報発信に，個人情報が含まれていないかを肝に銘じて扱わねばなりません。秘密保持は，保育士という専門職としての信頼を保持するために大切な倫理観なのです。

(8) 信頼関係（ラポール）の形成

　バイステックの7原則は，相談者援助の基本であり，そこに「信頼関係（ラポール）の形成」という目的があります。

　あるいくつかの幼稚園で実施した調査では，保護者は保育者の専門的知識より，園の教育方針よりも，「保育者が信頼できること」を高く評価すると示されています。相談援助の場面にはさまざまな現場がありますが，とくに保育における相談援助は，朝やお帰りの時間の保護者との日常のやりとりの中で起こることも多くあります。

　専門的な技術の前に，「いっしょにお子さんを見守りましょう」という，「共にある」という態度は，技術以上に毎日の子どもの育ちに対する悩みや問題に応じる特効薬であることを最後に記しておきたいと思います。

保育相談支援	ワーク❽

相談支援事例からバイステックの 7 原則を理解する

　以下は，発達の遅れがあるユウヤくんの保護者支援の事例です。下線部の保護者支援の対応について，バイステックの 7 原則のどの原則が関係するのか，さらに，対応のよい部分，または，よくない部分について考えてみましょう。

　ユウヤくん（4 歳）は，入園時から発達の遅れがあり，保育園では療育相談と連携しながらユウヤくんの育ちを見守ってきた。ある日のお迎えの時間，母親にかわって迎えにやってきた父親から「なぜうちのユウヤだけ運動会に出てはいけないのですか」と話しかけてきた。①まずは父親の話をしっかり聞きたいと思い，ユウヤくんの一時保育を依頼して，父親を相談室へ案内した。

　ユウヤくんの父親は「主任の先生から，今回の運動会は見学するように言われた。ユウヤが発達の遅れがあるから差別しているのではないか」という。まずは，②父親の話をしっかりと聴いて，その思いを受けとめた。そうした担任保育士の姿勢に父親の高ぶった気持ちが次第に落ち着いてきた。

　昨年の運動会では，ユウヤくんは友だちと一緒に競技に参加することは難しく，保育士に抱かれて母親のそばで見学していた。話を聴く中で，母親は，今年こそお友だちと一緒に過ごしてほしいという思いをくじかれて傷ついたということがわかった。主任の先生は，最近ユウヤくんの体調がよくないことを心配して，「運動会は見学でも大丈夫ですよ」と母親に伝えていた。母親はその言葉を「運動会に参加しないほうがよい」と捉えてしまったようである。③担任保育士は，まず「とても傷つかれたのですね」と父親の気持ちを受けとめた。④話しの行き違いがあるということを理解しながらも，「ユウヤくんのお母さんを不安な気持ちにさせてしまい，申し訳ありません」と伝えた。

　主任の先生の助言は，ユウヤくんの体調を心配してのことだったが，⑤保護者の気持ちや日々保護者と接している担任保育士の考えをよく聴いていなかったため「先生が勝手に決めた」と捉えられ，それが「差別されている」という気持ちにつながってしまった。保育園では，自己決定や話し合いの大切さを改めて確認し，ユウヤくんの体調を配慮しながら，参加できる方法について，両親と話し合いを始めた。

設問 1　下線①の部分の対応はバイステックの 7 原則のどの原則が関係していますか？

　

設問 2　下線②の部分の対応はどの原則が関係していますか？

　

40

第3章◆保育相談支援における基本的な価値・倫理

設問3　下線③の部分は，バイステックのどの原則が関係していますか？

設問4　下線④の部分は，どの原則が関係していますか？

設問5　下線⑤の部分は，バイステックの7原則のどの原則が関係していますか？

設問6　下線①〜⑤のどれが対応のよいものでどれが対応のよくない部分ですか？　対応のよくない部分について，どうすれば良い対応になると考えますか？

設問7　このワークをしてバイステックの7原則について理解したことをまとめておきましょう。

4. 保育者の自己覚知の重要性

　自己覚知（self-awareness）とは「無意識的に体験している自分の態度・動機・反応および，防衛機制について洞察すること，自己理解と同義であるがソーシャルワークや心理療法の分野でよく用いられる。」[1] とあります。

　保育士も福祉分野の対人援助の専門職です。保育士が子育て支援や保護者支援をする時に，まず支援する自分の態度・動機・反応や防衛機制について知っていなくてはなりません。それは訓練をうけた専門職として重要です。

　前節のバイステックの7原則のところで述べたように，支援をうける人は「特定の人格を持つかけがえのない個人として尊重されたい（個別化の原則）」と思っていますし，「自分の感情を自由に気兼ねなく表出できるように，意図的にかかわってほしい（意図的な感情表出の原則）」と考えています。支援者からそのようにかかわってもらうことによって援助者（保育者）と援助される側（保護者・子ども）の間の「信頼関係」を構築することができるのですが，もし，支援者であるあなたが，「泣き顔を見ると動揺」し，その「動揺する自分を許せない」としたらどうでしょう。これが無意識に体験している自分の態度・動機・反応，および防衛機制ということになります。援助される側の保護者は，泣くことができなくなるのではないでしょうか？

　十分に泣けないで，自分の感情をおしこめてしまうということがおこりそうです。

　感情を表出させることができない時，その感情が怒りになったり，反社会的な行為として表われることがあります。

　安全な場所で，泣くことができた場合には，「うけいれてもらった」「自分を肯定してもらえた」という安心感につながり，相談したい内容について冷静に考えることができるようになります。

　たとえばお子さんが何らかの障害をもっていることがわかり，それを夫にも，祖父母にも話すことができない母親がいるとします。

　そんな時，「なんで自分の子どもが」と怒りとも悲しみともいえない感情が母親の心の中にはあるのではないでしょうか。身近な人に話しをする前に，自分の感情で自分がつぶされてしまいそうです。

1）　恩田彰・伊藤隆二編著『臨床心理学辞典』八千代出版，1999 年，p.198

子どもを守り，はぐくむ親であるはずが，そういった感情におしつぶされそうになった時子どもをたたいたり，子どもの世話を放棄したりといった虐待として表われてくるかもしれません。

そんな暗い表情で送り迎えする母親の様子を見たあなたはどうしますか？

「おかあさん，どうしました？　心配そうなお顔をしてますよ。身体のお具合はいかがですか？」と声を掛けられるでしょうか。「実は……」と話しづらそうにしていたら，面談のできる部屋などに誘導して，プライバシーが守られる配慮をし，母親の語ることに耳を傾けてほしいものです。

その時，母親がおもわず泣いたら，「おかあさん，ここでは十分泣いていいですよ」と言えるといいのですが，泣く顔を見て動揺するかもしれません。

事前に援助者が「泣く顔を見たら動揺する自分」ということを知っていて「そういう時は一緒に泣こう」とか，「しばらく泣いている保護者をあたたかく見守ろう」と心構えができていたら，あなたは，しっかりと，母親が感情を表出する手伝いができます。

ひとしきり泣くという行為で感情を表出した後に，本当の悩みを話すことができます。そして語ることによって，悩みや課題に立ちむかっていくことができます。

支援する側が自分の「無意識的に体験している自分の態度・動機・反応および防衛機制について洞察すること」すなわち自己覚知をしておくことは重要です。

保育相談支援　ワーク❾

保育者の自己覚知

① 「私は……です。」を 20 個考えて書きましょう。

1. 私は（……　　　　　　　　　　　　　　　　　　　　）です。
2. 私は（……　　　　　　　　　　　　　　　　　　　　）です。
3.
4.
5.
6.
7.
8.
9.
10.
11.
12.
13.
14.
15.
16.
17.
18.
19.
20. 私は（……　　　　　　　　　　　　　　　　　　　　）です。

② 5 人の人に見せてコメントを書いてもらいます。

1.
2.
3.
4.
5.

③ このワークをして気づいたことを書いておきましょう。

第 3 章◆保育相談支援における基本的な価値・倫理

保育相談支援 ワーク❿

自己覚知―価値観

① 次の語句をあなたが大切に思う順に並べましょう。

自由・愛情・信用・努力・健康・経済力・家族・友情・平和・地位・勤勉・誠実・名誉

1 (　　　　　　　　　　　　　)
2 (　　　　　　　　　　　　　)
3 (　　　　　　　　　　　　　)
4 (　　　　　　　　　　　　　)
5 (　　　　　　　　　　　　　)
6 (　　　　　　　　　　　　　)
7 (　　　　　　　　　　　　　)
8 (　　　　　　　　　　　　　)
9 (　　　　　　　　　　　　　)
10 (　　　　　　　　　　　　　)
11 (　　　　　　　　　　　　　)
12 (　　　　　　　　　　　　　)
13 (　　　　　　　　　　　　　)

② 6人のグループになります。他のメンバーの順位はどうですか。

順位＼メンバー	a	b	c	d	e	f
1						
2						
3						
4						
5						
6						
7						
8						
9						
10						
11						
12						
13						

③　グループメンバーと話しあって，グループとしての順位を決めます。

　　グループで決めた順位

　　　　1 (　　　　　　　　　　　　　)

　　　　2 (　　　　　　　　　　　　　)

　　　　3 (　　　　　　　　　　　　　)

　　　　4 (　　　　　　　　　　　　　)

　　　　5 (　　　　　　　　　　　　　)

　　　　6 (　　　　　　　　　　　　　)

　　　　7 (　　　　　　　　　　　　　)

　　　　8 (　　　　　　　　　　　　　)

　　　　9 (　　　　　　　　　　　　　)

　　　10 (　　　　　　　　　　　　　)

　　　11 (　　　　　　　　　　　　　)

　　　12 (　　　　　　　　　　　　　)

　　　13 (　　　　　　　　　　　　　)

④　他のグループは，どのような順位だったでしょう。グループごとに決めた順位を全体に発表しましょう。

⑤　このワークをして気づいたこと，感じたことを書いておきましょう。

5．全国保育士会倫理綱領

　価値というのは大切にしていることやものや心情などをいいます。一人ひとりが大切に
しているものはちがっています。たとえば夫婦の両方が「自分の子どもを大切にしている」
と言ったとします。「自分の子どもは大切だ」という点では同じ価値をもっているのです
が夫は「家庭を守る」すなわち「家庭が大切」という方が優先しているかもしれません。
人間一人ひとり大切にしているものやその意味あいはちがっていきます。それを「価値観」
がちがうと言います。

　また人間は自分が大切におもうものを大切にします。一人ひとり大切にしているものが
ちがうと，すなわち「価値観」がちがうということは，人間だけではありません。各家庭
がもっている価値観や，所属する集団，たとえば学校・会社・自治体などの社会集団です
が，（一番大きな社会集団は，国という単位になります。）それは同じではありません。国同士の
価値観（大切にしているもの）が違うことで戦争がおこることもあります。

　一方，倫理というのは，もっている価値観が違っている人と人，あるいは国と国のよう
な社会集団の間のルールとか，約束という意味あいがあります。法律や規則として条文化
しているものもありますが，暗黙の了解として，文章になっていない，社会規範のような
ものもあります。「目上の人を尊う」とか，「約束は守る」というようなことです。

　ひとつの専門職集団がもっている倫理があります。その専門職集団が大切にしている価
値とそれを守るために必要な約束を文章であきらかにしているのが「倫理綱領」といわれ
るものです。

　たとえば医師という専門職集団の組織である日本医師会は「日本医師会倫理綱領」をも
っています。弁護士，看護師，社会福祉士，介護福祉士各々の倫理綱領をもっています。
もちろん保育士も「全国保育士会倫理綱領」をもっています。

　あなたが保育士として大切にしたいことは何ですか。

保育相談支援　ワーク⓫

保育士の倫理

① あなたが保育士となった時保育士として大切にしたいことは何ですか。
　10 あげて下さい。

　　1

　　2

　　3

　　4

　　5

　　6

　　7

　　8

　　9

　　10

② 6 人グループで話しあって，グループとしての意見をまとめましょう。そて 6 人グループ
　の保育士として大切にしたいことを 10 個選びましょう。なぜそうしたか理由も書きましょう。

大切にしたいこと	理由
1	
2	
3	
4	
5	
6	
7	
8	
9	
10	

③　クラス全体で発表しましょう。

④　他のグループの発表をきいて，またこのワークをしてみての感想を書きましょう。

⑤　全国保育士会倫理綱領（巻末）をみて，自分たちの選んだものと比較してみましょう。いかがでしたか？　感じたことわかったことを記述しましょう。

保育相談支援 ワーク⑫

藤原淳くんの事例

事例：藤原淳くん（5歳）は東京都に近い県の住宅街に両親と妹（0歳）の4人で生活しています。

　昨年，年中組のとき，保育園の淳くんの母親が信頼している園長先生にすすめられて，療育相談へ行き，淳君が発達障害があるという診断をうけました。

　母親は，ショックを受けたようです。時々園長先生が話をきいているようでした。今年の4月には，0才児の時から持ち上りだった2人の担任保育士が他園に異動することになりました。新しく担任になる保育士は，淳君の特性を理解してくれるだろうか，とか，年長組の秋までは，下の子の育休をとって家にいることができるが，淳君の小学校入学の準備をどうしていったらいいだろうか，であるとか，育休が明けたら，仕事を開始して大丈夫だろうかという心配があります。また，父親である夫は，淳君をよく理解して，日曜日には体操教室への送り迎えをしてくれたり，母親の心配をよくきいてくれます。母方の祖父母や父方の祖父母は比較的近くに住んでいて，交流もよくしていますが，淳君の障害について，どのように話をしたらいいか，迷っています。

　ある日園長先生は新任の2人の担任を呼んで，年長組の担任になるにあたって，淳くんとその保護者家族と，どのように支援・対応していくかを話し合いました。

①　あなたは，新任の担任のうちの1人です。淳くん家族を支援するにあたって，何を大切にしますか，順位をつけて，一番大切にする事柄から10番目に大切にすることまでを考えて下さい。

順位	大切にする事柄
1	
2	
3	
4	
5	
6	
7	
8	
9	
10	
（例：他の園児やそ家族とのかかわり）	

② 6人で1チームになってチームメンバーの考えをききましょう。そしてあなたのチームの
考えを1から10番目の順位をつけてまとめましょう。

順位	大切にする事柄
1	
2	
3	
4	
5	
6	
7	
8	
9	
10	

（例：職員間のチームワーク）

③ グループで作業した結果をクラス全体に発表しましょう。なぜその順位になったのかその
理由も発表しましょう。

順位の理由

④ 本ワークでわかったこと感じたことを記述しましょう。

第**4**章

保育相談支援の方法と技術

1. 子育て支援

(1) 子育て支援の必要性

　児童福祉法第 18 条の 4 によると保育士とは「第 18 条の 18 第 1 項の登録を受け，保育士の名称を用いて，専門的知識及び技術をもって，児童の保育及び保護者に対する保育に関する指導を行うことを業とする者をいう」とされています。ここにみるとおり，保育士の業務は，子どもの「保育」と「児童の保護者に対して保育に関する指導」すなわち「保育相談支援」の 2 つということになります。つまり，親・保護者と子どもに対する保育に関する援助を行う専門職が保育士ということになります。子どもに対する保育と保護者に対する保育相談支援を車輪の両輪のように受け止めて，保育士としての業務をはじめて満たすことができるといってよいでしょう。

(2) 子育て支援の 2 つの方向性

　子育て支援には大きくは 2 つあります。ひとつには園の保護者支援です。もうひとつは子育てセンターなどで行う地域の子育て家庭への支援です。

　園の保護者支援とは，日々，保育所に通う子どもの保護者に対する保育相談支援です。保育をよりよく行うためには，保護者と子どもを中心にしてパートナーシップを形成し，保護者とともに子どもを保育する姿勢が求められているのです。

　子育て支援センター等の地域の子育て家庭への支援は，子育ての楽しさを共有するなどして，育児主体者として親が子育て力を取り戻すことを支える支援であります。

(3) 子育て支援に必要な視点

　子育て支援を行う際に，保育者として適切な支援と行うためには，以下の視点が重要です。

保育相談支援　ワーク⑬

子育て支援をする姿勢

　保育者として子育て支援をする姿勢として適切なものには〇を，不適切なものには×をつけて下さい。

№	保育者の適切な子育て支援の姿勢	〇　×
①	登園時，2歳児の子どもが鼻水を出していたので，下の子を抱っこして荷物も持っている保護者に，「鼻を拭いてあげて下さい」と頼んだ。	
②	登園時，家で折ってきた折り紙を見せてくれる3歳児の子どもと保護者に対してともに成長を喜び合った。	
③	トイレットトレーニング中の3歳児が園ではトイレで排泄ができるようになったが，家庭では忙しいので無理だろうと思い，できるようになったことさえ伝えなかった。	
④	プール遊びの持ち物として濡れた水着を持ち帰るビニール袋の用意をお願いしたのだが，水着は入っていたのに，ビニール袋が入っていなかったため，保護者の準備不足とし3歳児の子どもに楽しみにしていたプール遊びを我慢させた。	
⑤	4歳児の子どもが保護者を蹴っていた。保護者は「わたしがわるいからしかたないのです」と言っていたので，そのままにした。	
⑥	子育てセンターに来た1歳児と2歳児を連れた保護者に，笑顔で挨拶して，楽しく子どもが遊べるように働きかけた。	
⑦	子育てセンターで泣きだしてしまった我が子に途方にくれている保護者に声をかけて，泣いている子どもの気持ちの立て直しを援助した。	
⑧	子育てセンターに来てもずっと抱っこをしている保護者に「抱き癖がつきますよ」と指導した。	
⑨	子育てセンターで周りの子の遊びをみてばかりいる我が子に対して「うちの子遊べないんです」とこぼす保護者がいた。「あらら，でもお目々はお友だちの遊びを見て，あそんでいるようですよ」と保護者に伝えた。	
⑩	子育てセンターで誰とも話さずに俯いている保護者に声をかけ，「よく来て下さいました」と労をねぎらい，話しやすい雰囲気を作った。	

第 4 章◆保育相談支援の方法と技術

保育相談支援　ワーク⑭

保護者とともに子どもの成長を喜び合う

　保護者とともに子どもの成長を喜び合うといっても，その日，偶然に集う子育て広場の親子に対して，どのように子どもの成長を喜び合えばいいのかわかりません。

> 　抱っこ紐から降ろされて初めて子育て広場にやってきた 9 か月の B ちゃんは，めずらしそうにまわりをキョロキョロと見渡しています。あなたは広場の保育者です。どんな言葉を B ちゃんと保護者にかけますか？

①　B ちゃんに対して

②　保護者に対して

③　クラスの他の人に考えをきいて，どう感じましたか？

55

保育相談支援　ワーク⑮

親子の絆

　親子の絆が大切なのはよくわかるのですが，絆というのは目にみえません。次の事例でＡちゃんは誰に対してどのような絆をもっているのでしょうか。

　４歳児Ａちゃんの保護者がＡちゃんが反抗的で困っていると園の個人面談で相談されました。何を言っても反対のことを言ったりやったり，すぐに「ママ，キライ」と言うので心配されていました。担任のあなたは言いました。「お家ではそうなのですね。園では友だちと言い合いになるなど困った時，悲しい時，泣き出す時に必ず『ママ〜』とお母さんを呼んでいます。本当はＡちゃん，ママが大好きなのだなと私は思います。」

---

①　Ａちゃんは誰に対して絆を感じていますか？

②　その絆はどのような絆ですか？

③　もし，親子の絆がもつれているとしたら，あなたはどのような援助をしていきますか？
　　Ａちゃんに対して

　　保護者に対して

1) 子どもの成長をともに喜び合う

子どもを中心にして，保護者と保育者は繋がり合うのです。些細なことでも，子どもの成長の滞りにともに葛藤し，苦難を歩み，ともに喜び合うことが重要です。

　ワーク⑬では，保育者が保護者とともに，子どもの成長を喜びあう姿勢として，②，⑥，⑦，⑨，⑩が良好なものです。

　ワーク⑭では，Bちゃんに対して，「よくきたね」とか「たくさんあそぼうね」と，保護者に対しては，「よくおいでくださいました」「ゆっくりしていってくださいね」など，最初の会話のきっかけは身近な，気軽な，目に見えてわかりやすい，事実を共有することから始めます。保育者として，子どもの姿に成長の意味づけをして伝えることは大切なことです。子どもが今，感じていることを言葉にして，子ども本人と保護者に伝えること，それが，子どもを中心に繋がりあう関係に進展していきます。

2) 親子の絆の形成と紡ぎ直し

「ヤマアラシのジレンマ」という話を知っていますか。ドイツの哲学者ショーペンハウアーによる寓話です。2匹のヤマアラシが寒くて近づくと互いの刺で痛く，かといって離れると寒くて仕方ないというジレンマ。互いの適切な距離を調整するしくみや第三者の存在が必要なのです。絆はもつれやすいものです。もつれてもがけばもがくほど親子を縛り，傷つけてしまうこともあります。親と子の互いの真意を客観的な立場の第三者が解して伝えると，伝わることも多いものです。保育者が保護者から子育ての喜びの経験を奪うのでは，絆は太いものになりません。絆を確かなものにするのは不器用でも，喜怒哀楽をともにしながらともに歩む，日常のかかわりに他なりません。

　ワーク⑮では，Aちゃんは母親に対して絆を感じているのです。だからこそ，母親の姿が見えない園で，困った時，泣きたい時は母親を求めているのです。見えないけれど，Aちゃんの内面には母親がしっかりと居ると考えられます。その絆はまっすぐとは言えないかもしれません。それはAちゃんが今，母親から小さな自立の時期にいるからなのかもしれません。自分の内面に大きく宿る母親から，しっかりと自分を位置づけたい意欲があります。けれど心が揺れ動く時，駆け込みたくなるのはまだまだ母親なのでしょう。

　Aちゃんには「Aちゃんはママが大好きなんだね」と声をかけ，今ある姿を認めていきます。「ママ〜って困った時は呼んでいいんだよ。そしたら園では先生が，『ハイハイ。お助けマンのAちゃんママですよ〜』って先生が行くからね」と安心できるようにします。保護者に対しては「Aちゃんは今，ちょっとずつ大好きなママから自立しようとしているのかもしれません。一緒に見守らせて下さい」等伝えて，子育てが孤独な作業ではないこと，園の保育者等と一緒に行うことを伝えていきましょう。

3) 多様な人とのかかわりの保障

子どもにも，保護者にも多様な人とのかかわりを保障していくことが重要です。子ども
は，人と人とのかかわりの中でこそ健全に成長が図られる，という視点が大切です。

4) 育ち直し，引き受けることへの支援

虐待など不適切な養育環境にいた子どもたちに対しては，育ち直しに対する支援が必要
です。

5) 子どもを守りきる

保護者の支援も大切ですが，子どもの命を守ることを最優先にする姿勢とシステムの確
立が求められています。

6) 発達段階に応じた切れ目のない援助

子育て支援とは手のかかる乳幼児期だけを指すのではありません。乳幼児期→児童期→
青年期→と，長期的な視座で切れ目なく，連綿と継続していくことのできる支援の連携が
重要です。

(4) 子育て支援の基本姿勢

保育相談支援においては，子どもを対象とする技術である保育技術を基盤としながら，
保護者の子育ての悩みを受け止め，保護者が葛藤しつつも状況を把握し，解決方法を見い
だしていく過程を支えていきます。そのため，次のような姿勢が重要です。

1) 保護者自身の力を信じる姿勢

保育においてはよく「子どもの力を信じなさい」と言われます。子どもは決して受け身
な存在ではなく，自ら育とうとする意欲があります。対象が子どもから保護者に代わって
も，保育の基本姿勢は変わらないのです。

2) 受容，傾聴，共感の姿勢

子どもと接する時もそうであるように，まずは存在を受容し，非言語・言語の表現を受
け止め，表現に内包される感情・思考等に共感していきます。これは子どもも保護者も共

第4章◆保育相談支援の方法と技術

保育相談支援　ワーク⓰

保護者のやり方を尊重・支持

　時には保護者のやり方を尊重し，支持することも求められるということはいったいどのようなことなのでしょうか。

　あなたのクラスのCちゃんの保護者は仕事が忙しい会社で働いています。今日もお迎えの時間に遅れて，申し訳なさそうにしています。見兼ねたあなたが「忙しいですよね」と声をかけると笑顔で子どもの食事の話になりました。「最近，Cの夕食はサプリに頼ってばかりなんです。だってサプリは栄養バランスがいいし，台所も汚れないし，Cも文句言わないし，忙しくて作ってられないし，作ってもCが食べなかったり，栄養が偏ったりするより……」と誇らしげに錠剤の有効性を説明します。Cちゃんは好き嫌いがありますが給食は食べています。あなたは何を感じますか？

①　あなたが感じたこと。

②　この保護者に食事についてどのような援助がありますか。

③　このワークを，して，またクラスの他の人の考えをきいて，学んだこと，感じたことを記述しましょう。

59

通です。ただ一方で，保護者を含む大人は，保育者である自分と同様に一定の発達を遂げ，社会生活を営む同等の立場にある存在でもあります。大人という同じ立場にある，異なる対象の異なる価値観，異なる方法等をも傾聴し，受容し，理解することが必要となります。時には，その人なりのやり方を尊重し，支持することも求められます。

3）親としての自信を支える姿勢

　保育相談支援＝保護者に保育の技術を「教えること」ではありません。保育相談支援における援助の重要性は，保護者の親としての自信を支えることにあります。「できていないこと」ばかりが目につき，自信を失う保護者も少なくありません。保護者が「自分が子どもの育ちを支えている」ことを意識化し，実感できるように働きかけることが大切です。

　　ワーク⑯ではどのように保護者のやり方を尊重し，指示していくことができるでしょうか。あなたはＣちゃんは好き嫌いはあっても園で給食を食べていること，おいしさを感じる味覚が育っていることも知っています。だとするとＣちゃんの食べる楽しみは夕食でははたして満たされているのでしょうか。Ｃちゃんが心配になります。
　　この保護者に食事についてどのような援助をしましょうか。保護者の語る内容に気になることはたくさんあります。しかし，まずは話してくれたことに感謝しましょう。担任のあなたを信頼しているからこそ，語ってくれているのです。忙しくて子どもの食事さえ作る余裕がない生活を，それでもがんばっている保護者に敬意を表しましょう。子育て支援はまずは保護者の気持ちを傾聴するのです。次に「最近」がいつ頃のことなのか，頻度としてはどのくらいなのか，夕飯に占めるサプリの比重はどのくらいなのか，あいまいな言葉ではわからない現実を把握しましょう。あいまいな言葉にすぐに反応して，アドバイスするのは早計です。月に１回なら，そういう日があっても仕方がないと思えますが，これが毎日では見過ごせませんね。おそらく事実はそのような極端なことではなく，ともに考え合うからこそ解決へのヒントが得られていくのでしょう。あなたは園でのＣちゃんの様子を伝えて，Ｃちゃんがもっている成長要求をＣちゃんに代わって代弁して保護者に伝えていく役割を取りましょう。

4）協力する姿勢

　保護者と保育者は子どもを中心に手を取り合って繋がり合う関係です。そこには対等な関係があります。子どもの育ちをともに支えるものとして心を合わせ努力することを，保育における保護者と保育者の「協力」といえるでしょう。
　さらには協力するのは保護者とだけではありません。保育者と地域の人びとや他の専門職が，それぞれが有する特徴を尊重しながら情報を共有し，心を合わせて努力することが求められます。

（5）コミュニケーションにおける配慮

　保育相談支援において非常に重要なのが，保育者と保護者のコミュニケーションです。朝の送りの際，お帰りの際，その他にもさまざまな場面で保育者がどんな言葉遣いをしているのか，思いをもっているのか，保護者は関心をもっています。当たり前のことかもしれませんが，まずは「丁寧な言葉づかい」「相手に敬意をもった言葉づかい」を心掛けてください。相手に対する敬意をもった対応は，「個人として尊重されている」と感じるために大変重要な姿勢です。また，保育者の日々の様子を一番よく観察しているのは，子どもたちです。園での保育者とのかかわり，またそこで感じたことを，自宅に帰ってから保護者に話をします。「日頃から人と話すことが好き」と感じている保育者は，コミュニケーション力があっても，言い過ぎてしまうことや，不快な言葉を発していないか振り返ることが必要です。思わぬところで，保護者との信頼関係が崩れてしまうこともあります。逆に「コミュニケーションが下手」と感じている保育者でも，丁寧なかかわりを心掛けることで「一生懸命に聞いてくれる」ことが，保護者の信頼感につながります。保護者への誠意や子どもへの愛情をもって応じることを心掛けましょう。

　さらに，保護者支援で大切になるのは，保護者の思いへの共感的理解です。子どもの育ちに不安や悩みを抱えている保護者は，「誰にも私の気持ちなど理解できない」という思いや，「将来はどうなってしまうのか」という思いに苛まれています。そうした思いに返していくコミュニケーション技術が求められます。

　「誰にも私の気持ちなど理解できない」という思いには，保護者の苦しい思い，つらい思いに応える言葉が必要です。保護者の気持ちに共感しながら，その苦しさやつらさを分かち合う言葉が，保護者の思いを癒していきます。発達の遅れが心配されたとき，保護者は「将来どうなってしまうのか」と感じることも多いようです。日々の子どもの育ちを見守る保育者だからこそ，ともに育てていく思いを伝えてください。「いっしょに〇〇ちゃんの育ちを見守っていきましょう」という保育士の言葉は，保護者の孤独な気持ちに寄りそい，子どもの育ちに向き合っていこうという勇気を支えます。こうした支援は，保育士が子どもの育ちについて，初めて相談できる専門家であるからこそ大切な支援なのです。

保育相談支援　ワーク⓱

保護者への説明・配慮

　かみつきが激しいお子さんがいます。子どもの様子を観察していると，いつも同じ友だちに向かっていることがわかりました。今日も，十分に様子を見守っていたのですが，隙をつかれてしまい，お友だちにかみついてしまいました。お迎えの際に保護者にどのように説明しますか。

① かみつきが激しいお子さんの保護者に対して，どのように説明しますか？
　説明における配慮点についてもまとめましょう。

② かみつかれたお子さんの保護者に対して，どのように説明しますか？
　「なぜうちの子ばかりこんな目に合うのでしょうか」と苦情もありました。
　説明における配慮点についても考えましょう。

③ その他，園としての必要な対応についても考えてみましょう。
　両者の保護者の信頼を得るような対応には，どのような配慮が必要でしょうか。

(6) 子育て支援の具体的展開

　保育者の行う子育て支援の特徴は保育現場で行うことにあります。送迎時などをとらえた保護者との関係づくりが重要になります。送迎時には，園での子どもの様子を伝えたり，逆に家庭での様子を聞いたりして，信頼関係づくりと情報収集の機会とします。

　子育て広場で行う一時保育では，保護者のニーズを把握することが求められます。一時保育の利用がいわゆるリフレッシュのためか，子育ての負担感やストレスの解消のためなのか，友だち作りのためなのか，その利用ニーズを知ることで必要な支援が違ってきます。

　子育て支援は，保護者の気持ちを受けとめ共感することからはじまりますが，支援を開始する前に情報収集をし，それを分析して問題の焦点を明らかにします。そして終結に至るまでいくつかのプロセスを経ていきます。むやみやたらに支援するのではなく，科学的根拠に基づいた支援をする必要があるからです。具体的には図4-3にある通りです。段階をおって，みてみましょう。

　第1段階は，保護者から援助依頼をされるなどの段階です。

　送迎時などを利用した保護者との関係づくりをしていく中に，保育者に相談してみたいという気持ちが芽ばえます。また，保護者の様子をみていて，保育者からはたらきかける場合があります。いずれも子育て支援は相談室で行われるものではなく，保育現場で，玄

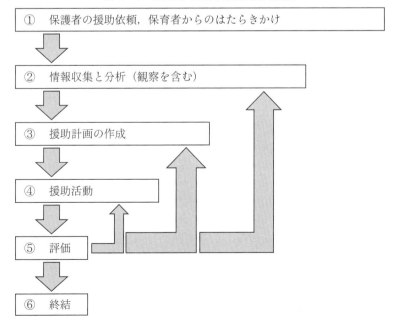

図4-1　送迎時の保育相談支援の展開

関先や園庭の隅，部屋の隅などで行われます。そのため，あらたまった言い方ではなくて，さりげない言葉がけから援助が開始されます。

第2段階は，情報収集と分析の段階です。

保護者からの依頼内容や保育者がはたらきかけた内容についてふれて話を進めていきます。そして，内容についての情報を集めて，保護者の気持ちに共感したり，保育に役立てます。情報収集の際にはさりげない挨拶や気軽に話せる雰囲気をつくるようにしましょう。「お子さん，いい表情ですね」等，わかりやすい目の前の事実を共有することから始めるといいでしょう。

第3段階で援助計画をたてます。

情報収集し分析した内容から援助の方針をさぐります。保護者に確認を取りながら援助計画をたてます。子育て支援が保護者の声に耳を傾けて「気持ちに共感すること」が半分だとすると，あとの半分は具体的でわかりやすい保育の提案をすることにあります。「今日のお散歩はやめておきますか？」「トイレに誘導してみますね」「子ども服のサイズを100にしてみましょうか」等です。子育て支援の半分である「気持ちに共感すること」は対人援助職共通の専門性であり，あとの半分は保育者としての専門性です。これも保育者の子育て支援の特徴です。

第4段階で援助活動の開始です。

保育者が保護者に対して，直接的，間接的に相談支援を実施する段階です。保護者に対して援助計画に沿った言葉かけを行い，そして実際に保育の中に活かしていきます。

援助活動を行った次の段階で評価を行います。

保護者の表情や言動，子どもの姿の観察，後日「あれからどう？」と声をかける等により行います。これは保護者が評価するのではなく，保育者が自分で行った支援に対して適切であったのか自ら振り返ることを意味します。保護者からの援助依頼の多くは立ち話や子どもを見ながら行われます。そのような状況で保護者からの話に方向づけしていかなくてはならないので，振り返って，自分の方向づけが適切だったのか，自己省察が必要です。保護者の表情や連絡帳，送迎時の会話等から自ら評価した結果，目標達成が不十分である場合は情報収集や分析の段階に戻って支援は継続されます。たとえば，以下の〈展開事例1〉に示す「保護者の依頼でスタートする子育て支援」の例ですと，Dちゃんがなぜ寝なかったのかの原因に迫れていません。評価の段階で新たな課題が見いだされた場合は，もう一度情報収集の段階に戻って行われます。

援助を行い，その後の評価で，援助を終えたと認められたとき終結となります。ただし保護者と保育者という継続した関係の中で，時に長期的実践が求められる場合もあります。

　これらの段階を経て，支援を終結します。この子育て支援の6段階の展開をワーク⑱，ワーク⑲，ワーク⑳をしながら具体的に学んでいきましょう。

〈展開事例1〉　　　　　保護者の依頼でスタートする子育て支援

保護者	「先生，ゆうべ，うちのD，寝なくて大変だったわ〜」	①	保護者の援助依頼　援助開始
保育者	「なかなか寝なかったの？Dちゃん。では今日は少し寝不足かな？」	②	情報収集と分析
保育者	「Dちゃんも寝不足だけど，お母さんも寝不足ですよね。今日はDちゃんのお昼寝を多く取りましょうか」	③	援助計画
保育者	「Dちゃんもお母さんも今夜はぐっすり眠れるといいですね」 Dちゃんの様子を見ながらお昼寝を多めに取るよう保育を工夫する。	④	援助活動
保護者	「先生，ありがとう。助かるわ〜」	⑤	評価
保育者	「どうぞ気軽にこれからもご家庭の様子を教えて下さい」	⑥	終結

〈展開事例2〉　　　　　保育者からのはたらきかけでスタートする子育て支援

保育者	「あらEちゃん，風邪，治ってよかったね。お母さん，ほっとしましたね」	①	保育者からのはたらきかけ 援助開始
保育者	「もうお薬は飲んでいませんか？」 「服薬は終わっても一応用心のためにお散歩はやめときますか」	②	情報収集と分析
保護者	「あ，散歩は行って大丈夫なのでお願いします」		
保育者	「はい。では行きますね。普段の生活と同じでいいでしょうか」	③	援助計画
保護者	「はい」		
保育者	「Eちゃん，お風邪がぜんぶなおったから，お散歩，行けるって。よかったね。Eちゃんの好きないぬさん，いるかな〜」	④	援助活動
保護者	「E，お散歩でいぬさんいたか，お迎えにきたとき教えてね」	⑤	評価
保育者	「お預かりします。行ってらっしゃい。」	⑥	終結

保育相談支援　ワーク⑱

支援の展開①

　あなたは２歳児の担任です。降園時にＦちゃんの保護者がＦちゃんがまだお話ししないことを気にしてあなたに声をかけてきました。以下はあなたと母親との会話です。前ページの事例を参考にして，あなたの会話を「　　」に書きこんでみてください。

母親	「先生，うちのＦは言葉が遅くてね〜」	①　保護者の援助依頼 　　援助の開始
あなた	「　　　　　　　　Ａ　　　　　　　　」	②　情報収集と分析
母親	「家では，パパとママとマンマだけなのよ」	
あなた	「　　　　　　　　Ｂ　　　　　　　　」	
母親	「そうなのね。こちらが言うことはわかっているのよね」	
あなた	「園でも，私の言うことはよくわかってくれていますね」	③　援助計画の作成 言葉を聞いて理解しているのならその体験を豊かにしていく。
母親	「この前も，ママのケイタイ持ってきてと頼んだら，すぐにわかってね」	
あなた	「もしかしたら今はまだ言葉を内面に蓄えている時期なのかもしれません。初めて今日はおたまじゃくしを見たのですが，丸い目をして驚いた表情で『おたまじゃくし』という言葉を神妙な表情で聞いていましたよ」	④　援助活動
母親	「あら，そうなの。じゃ帰ったらＦにおたまじゃくしのこと，聞いてみようかな」	⑤　評価 ・母親が今日のＦちゃんの保育内容に興味をもってくれている。 ・母親があなたの話題に沿っている。
あなた	「はい。　　　　　　Ｃ　　　　　　」	
母親	「アハハ（笑）そうね。楽しんでみるわ」	⑥　援助の終結

答え記入欄

Ａ	
Ｂ	
Ｃ	

66

第4章◆保育相談支援の方法と技術

保育相談支援 ワーク⑲

支援の展開②

　4月，あなたは3歳児の担任になりました。クラスには視線が合わず，絶えず動き回っていて，お話がまだできないJ君がいます。明日からのJ君の保育をどうしたらいいのかわかりませんでした。あなたは入園式の日におもらしをしたJ君の保護者に，まずは排泄のやり方について尋ねました。

あなた	「J君のお母さん，明日からのJ君のおしっこのやり方ですが，　　　　　A　　　　　」	①　保育者からのはたらきかけ　援助の開始
母親	「先生，Jは言葉の意味がまだわからないから大変よね。あのね，家ではちんちんをパンパンとたたくポーズをとると『おしっこ出る』という合図なの。だからJがパンパンしたらトイレに連れていってほしいの」	②　情報収集
あなた	「はい。ありがとうございました。うんちの時はどうしましょうか」	
母親	「今度はおしりをパンパンとして」	
あなた	「はい。わかりました。ではトイレは最初はJ君のポーズが出たら対応していきます。慣れてきたら自分からトイレに行って出来るようにしていきます。いかがでしょうか」	③　援助計画の作成　本人のポーズがでたらトイレ誘導していく。慣れてきたら自分からトイレに行けるように導く。
母親	「えぇ，それでお願いします」	
	後日　J君は保育中，あなたが「J君，おしっこ出る？」と聞いたとき，視線は合いませんでしたが，ちんちんをパンパンとしました。トイレに誘導すると無事排泄出来ました。お迎え時にあなたはJ君の保護者に報告しました。	④　援助活動
あなた	「今日，J君が　　　　　　B　　　　　　」	
母親	「わぁ～大成功ね～先生。J，頑張ったね。私もうれしいわ～」	⑤　評価
あなた	「しばらくこのやり方で続けてみます」	⑥　終結

答え記入欄

A	
B	

67

保育相談支援　ワーク⑳

支援の展開まとめ

　支援の展開①と②の会話例です。

会話例（ワーク⑱）

A	たとえば，今，お家ではどんな言葉を話しますか？
B	園では自分の名前を話していますよ。私が「お名前教えて下さい」と言うと「Fちゃん」と答えてくれます。
C	Fちゃんはきっと表情や身体で，おたまじゃくしを見たことを思い出してくれると思いますよ。その表現を楽しんでみてはいかがでしょう。

会話例（ワーク⑲）

A	園ではどのようにしたらよいでしょうか。
B	トイレでおしっこできました。お母さんの仰る通りにやってみたらできたのです。教えてくださり，ありがとうございました。

　あなたは園でのJ君の保育をより良くするためにも保護者と連携をとっていく必要があります。日常の場面では何気ない保護者との会話のやりとりも，保育相談支援活動なのです。そのことを保護者が「ああ，これは相談として依頼しているのだ」と意識することはほとんどありません。けれどあなたは保育者としての責務や倫理観をもって対応しなければなりません。

　支援の展開の①と②の会話を考える中で，あなたの感じたことを書いておきましょう。

(7) アセスメント（援助課題の把握・評価）

　保護者支援において，問題解決に長期的な支援が必要な場合，保護者の願いや思いと保育者のアドバイスがミスマッチにならないようにすることが大切です。さらに，子どもの育ち・個性・力への配慮も欠かせません。「保護者の願い」「子どもの育ち」「保育方針」を調整するためにも，アセスメント（援助課題の把握・評価）を通して，いま起きている問題は何か，子どもをとりまく環境の分析，および子どもと保護者のニーズ（身体的・心理的・教育的・社会的）を明らかにしていきます。子どもを取り巻く環境を理解するために，エコマップやジェノグラムを用いることも有効です。

1）エコマップとは

　子ども・保護者・保育者，その他の人々や社会資源との関係を線や記号を用いて表したもの。保育相談支援では，子ども・保護者・保育士の関わりが重要になります。こうした相談支援において，現在の関係性の把握や活用できる社会資源を把握するためにも活用できます。書き方は，中心に子ども・保護者を置いたら，その周りに関係ある人や社会資源を書き込み，線で結んでいくかたちです。線の表記の仕方により，関係の強さ（普通の関係・強い関係・弱い関係）や関係の状況（対立関係・働きかけがある等）を示します。

図4-2　エコマップ

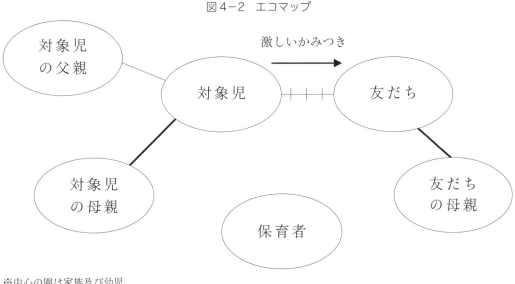

※中心の園は家族及び幼児

2）ジェノグラムとは

3世代以上の家族の人間関係を図式化したもの。家族関係や人生上のライフイベント（結婚・離婚・死別など）が視覚的に理解できるため，家族関係によっておこる子どもの問題（離婚による家族形態の変化や家庭内にける子ども虐待の問題など）を理解するために用いられます。

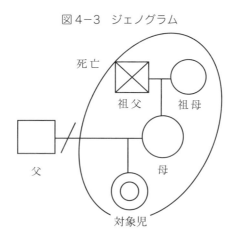

図4-3　ジェノグラム

女性は○，男性は□であらわし，人と人を線で結んでいきます。
本人は二重線で表し，死亡者は×で，離婚は斜線で示します。
また同居家族を丸で囲み，年齢などがわかればそれぞれの下に示します。

第4章◆保育相談支援の方法と技術

保育相談支援　ワーク㉑

アセスメント（援助の課題の把握・評価）

　マサオ君は，3歳児検診で発達障害が発見され，療育相談を受けると同時にさくら保育園に入所を決めました。その年の運動会では，午前中は補助の保育士に抱かれて見学し，母親の明子さんを見つけると大泣きして，そのまま母親がそばにいなくてはなりませんでした。しかし4歳児になると，競技には参加できませんでしたが，友だちと一緒に見学できました。さらに5歳児になると，落ち着きがないものの，入場行進から午後の最後の競技までクラスの友だちに支えられながら参加することができ，母親のアキコさんも感激していました。

　いま，アキコさんは，マサオ君の小学校選びで悩んでいます。保育園の友だちがほとんど行く近所の小学校の特別支援学級にするか，30分程歩いていく特別支援学校にするかです。

　アキコさんは専業主婦で送り迎えをすることはできます。父親は公務員です。家には父親の両親もいて，アキコさんが将来働きに出ても，祖父母に送り迎えを頼むことはできます。マサオ君は妹（4歳）と弟（2歳）がいますが，将来は近所の小学校に通う予定です。園長先生や主任の保育士また副担の保育士，園医の先生，療育相談，小学校の先生や教育委員会等々と連携をとりながら相談援助をしたいと思っています。

① マサオくんの周囲には，多くの支援者がいることがわかります。
　　今後の支援体制を考えるためにも，エコマップを書いてみましょう。

② マサオくんは，発達の遅れがあり特別な支援・配慮を必要としています。
　　個別支援を検討するためにも，ジェノグラムを書いてみましょう。

71

2. 保護者グループを支援する

（1）子育ち・子育て環境

　現代の子育ち・子育てを取り巻く環境の変化について，1994年12月に文部，厚生，労働，建設各省は今後10年間における子育て支援のための基本的方向と施策を盛り込んだ今後の子育てのための施策の基本的方向について明らかにし，これにともなう計画をエンゼルプランとして示してからすでに久しく，最新の話題ではなくなっています。しかし，核家族化，晩婚化・未婚率の上昇，女性就労の一般化と多様な就労形態，出生率の低下から少子化へ，離婚の増加，子育てと就労の両立困難，子育て不安の増加等の影響にともなって，減らない養護児童，体罰・虐待の被害，直接体験の希薄化，遊びの縮小化，希薄化をもたらしたことが，改善され解消されたわけではありません。子どもたちの生活環境の悪化は，生活リズムの乱れ，人間関係の希薄化，不登校・いじめの顕在化，子育てにまつわる子どもに対する虐待等，新聞やニュースで取り上げられる内容はより深刻になっている現状です。

　私はこの現代社会の状況を，絵本『ちいさいおうち』（作・絵：バージニア・リー・バートン　訳：石井桃子）がイメージし，表現していると思います。そのお話のあらましは，次のとおりです。「むかしむかし，静かな田舎に，きれいで丈夫なちいさいおうちがありました。ちいさいおうちはのどかな田舎で移り行く季節を楽しんでいました。ちいさいおうちは遠くの街の明かりを見て「まちにすんだら，どんなきもちがするものだろう」と思いました。ある日，馬の引っぱっていない車（自動車）が現れました。それからトラックだのローラー車だのがやってきて，ちいさいおうちのまわりはすっかり街になってしまいました。どんどん開発が進み，両側に高層ビルが建ち……。それでもちいさいおうちはそこにありました。壁や屋根は昔のようにちゃんとしているのに，ボロボロになってしまいました。ところがある春の朝にちいさいおうちの前を通りかかった子どもを連れた女の人が，ちいさいおうちを救います。」この絵本は，ちいさいおうちを取り巻く環境の変化によって時間の流れを目で見ることができます。昔は子どもたちも，ちいさいおうちの周りの自然の中でたくさん遊んでいました。子どもたちが魚釣りや雪遊びを楽しむ姿が見られました。やがてちいさなおうちがあこがれた「まち」になったとき，大人たちは昼も夜も働き「まち」は，夜も明るくなりました。外では子どもたちの遊ぶ場所もなく姿は見られなくなりました。私はこの絵本を読むと現代社会を象徴していると思います。しかもこの『ちいさいお

うち』は，1942年にアメリカ合衆国で出版され，現在でも親しまれているロングセラー絵本です。すでに70年以上前に現代を予言し，子どもの子育ち・子育て環境を危惧していたということになります。

(2) 子育ち・子育ての新時代と多様な保育ニーズの到来

　子育ち・子育て環境の変化を背景に，福祉に対する考え方は，大きく変わることが求められるようになったのは当然のことでしょう。1997年6月の「児童福祉法」の改定によって，児童福祉施設の利用者は，経済的困窮にある層の家庭の援助である生活保護的な福祉サービスから，子育て家庭の要望に合わせ，「保育に欠ける子ども」から「保育を必要な子ども」のすべてへと，子育て家庭を対象としたものになりました。そして，乳児保育や障害児保育に期待が掛けられるようになりました。現代が，絵本『ちいさいおうち』に表現されたような「まち」になってしまったとしたら，その子どもたちが自分たちの世界を自分たちで作ることができないのだとしたら，保育所，幼稚園，子ども園を中心に子どもの世界を保障してあげることが必要です。保育者の仕事の対象は子どもであり，仕事の内容は子どもの保育や教育を行うことです。これはどのような状況や時代であっても，その理念は変わらないものであると思います。しかし，現代社会は，子育ち・子育て環境の急激な変化によって保育ニーズが多様化してきました。このことによって現代の保育者は，子育て家庭やその親たちが抱える問題の対応に大きな役割を担うこととなりました。子育てサービスの内容も「子どもの発達のサポート」のみならず「母親の育児や，それにともなう悩みのサポート」等，子育てに対する多様な保育ニーズの社会的支援が積極的に改革され，「保育サービス」を受ける人が受けやすいサービス内容へと整備され，保育は社会制度として取り組むという社会化が進行している状況となりました。その際の課題は，親のニーズであっても，常に子どもを中心とした保育サービスであることとしてとらえ，それに基づいて整備されていることを常に確認していくことと考えます。

(3) 子育てを生き生きとしていくための支援の実際

　すでに保育現場（保育所，幼稚園，子ども園）を利用している親たち世代が電子ゲーム世代となり，野原で駆けまわるとまではいかなくとも屋外で子ども同士で遊んだ経験が乏しくなっているのが現状です。親世代が体験的経験が乏しく人との関係に距離をおいているので，そこからはトラブル以前の課題が見えてきます。それは，親が自分自身の育ちに自信

がなかったり，人間関係の距離の取り方がわからない等に起因していることにあります。

〈事例1　子育てに自信がない親〉

　Ｋ幼稚園の実践研究会で報告されたことです。子どもたちに絵本の読み聞かせを奨励している Ｋ幼稚園で「お家でも絵本を子どもに読んで上げてください」との呼びかけに，母親のＡさんが「絵本の教育的効果がわからないので，効果をデーターで示して欲しい」と言ってきたということです。最初それを聞いた若い担任は，そのＡさんの申し出に戸惑い構えた対応になってしまったそうです。そこで保育歴50年になるベテラン先生がＡさんの話をよく聞くことにしました。話を聞くうちに「自分は親に絵本を読んでもらったことがないので，どんな絵本を選んで読んであげていいのかわからない」と，心の内を打ち明けていったそうです。問題と思われていたことは，「絵本の効果を科学的に証明する」ことではなく，「Ａさん自身の心情を理解してもらいたい」「絵本を選べない理由を理解してもらいたい」という，親自身の心情にあったということに思いが至ったと報告がありました。そこでこの幼稚園では，ベテラン先生が子どもに絵本を読み聞かせるのと同じように，親たちにも絵本の読み聞かせを行い，絵本の楽しさやすばらしさを体験してもらっています。一人の親の不安を受け止め理解することが，今のすべての親の理解と支援の手がかりになることに私自身が思い至りました。

〈事例2　赤ちゃん返り〉

　私は地域の子育て支援講座の講師をしています。現代の母親は年長者や経験者に意見をされることを極端にいやがる傾向にあると講師をしながら感じています。わからないことがあれば，インターネットで何でも検索できるので，人間関係の中や経験の中で解決することが少ないからだと考えます。そのような母親集団を「ママたち」と，名づけました。ママたちを否定しているのではなく，年長者の私がいかにコミュニケーションをとってアドバイスをしていくのか，その方法を探ることが必要と考えているからです。乳幼児をもつママたちを対象に「手作り絵本」講座の講師を勤めたときのことです。2時間を5回から6回連続して行うのが通常です。「絵本を作りながら子育てについて考える」という内容で展開します。絵本の題材は自由ですが，「自分の子ども」のことを取り上げるママたちがほとんどです。絵本作りをすることで，作りながら自分の思いを表現し，振り返りが行われていきます。完成した絵本作品をみんなの前で読むことで自分の思いを人に伝え，

受容されることが期待されます。さらに，講師の私の意図として，受講者であるママたちに井戸端会議を促していきます。会話を自然と引き出し，「ママたち同士の仲間作り」を行うことが背景にあります。ある時，絵本を作りながらママたちの会話の中で「あかちゃんが生まれ3歳になる上の子があかちゃん返りをして大変」ということをEさんが話し始めました。「あかちゃんの面倒で大変なのに，さらに上の子にも手がかかる」となれば，周りの先輩ママからも，「どのような状況でどのようにやり過ごしたか」という経験談をこぞって話しはじめました。井戸端会議ですから，その話題に参加してもしなくとも自由で伸びやかな会話が展開されていきました。この場では講師の私は，「上から目線」的な発言とならないよう，またそのように受け取られないよう極力「聞き役」に徹します。いつも講座の終盤には，参加者の関心に合わせて絵本を読むことにしています。この回は，絵本『ちょっとだけ』（作：瀧村有子　絵：鈴木永子）を読みました。

　お話のあらましは，次のとおりです。「なっちゃんのおうちに，あかちゃんがやってきたのです。ママのスカートを『ちょっとだけ』つまんで，牛乳をコップにひとりで『ちょっとだけ』入れられて，ひとりで遊んだブランコだって『ちょっとだけ』ゆれて……。なっちゃんは，ちょっとずつちょっとずつ頑張って『おねえちゃん』になっているようです。でもね，ちょっとだけ寂しくなって，ちょっとだけママに甘えたくなるのも事実です。愛情たっぷりにママに受け入れられて……。」というお話に，「赤ちゃん返り」の井戸端会議をしていたEさんや何人かのママたちの目に涙が浮かびました。「健気ななっちゃん。大きな優しさで包み込むママ。そしてママに受け入れられて初めて本物のおねえちゃんになったなっちゃんは，本当にあかちゃんをかわいがることができるようになる」ことをママたちは感じてくれました。その後の感想でEさんは「自分が親に受入れられなかったつらい思い」を私に話してくれました。その思いを手作り絵本に表現したEさんのお話しは，絵本発表会でみんなに拍手をもらい，受け入れられていました。講師の私が，参加者のママたちに余計なことを言わなくとも，大切なことが伝わったという思いに至りました。保育の場でも，保育者が母親代わりをすべて請け負うのでなく，子どもの思いをそっと母親に伝え，親の「気づき」を促すことも子育て支援と考えます。

（4）グループワークの実際

〈演習課題〉

　保育の現場では，保護者からさまざまな悩みの相談が持ち込まれてきます。とくに母親

保育相談支援　ワーク㉒

保護者懇談会

課題1　3歳児クラスの保護者のことです。ある母親Aさんは，同じクラスの中の母親Bさんとの関係に悩んでいます。Bさんは，押しの強い性格でクラスのリーダー的存在です。他の母親からは頼られているようです。しかしBさんに同意する人ばかりで仲間を作る傾向になりがちで，Aさんや他の母親は仲間に入れないと感じています。Aさん自身は，納得がいかないことでも押し切られ，いやなことでも頼まれると断ることができないと感じています。

①　相談された内容をあなたなりにまとめます。

②　グループ（3〜5人）を作ります。あなた以外のメンバーにわかりやすく①でまとめた内容を説明します。順番に全員が発表します。

③　グループで発表された内容を確認し，問題となることは何か整理します。

④　あなたの具体的な対応を書いてみましょう。また懇談会を計画し，その計画案を時系列にまとめてください。

は，自分なりに最善の努力と思うことを行い，子どもに寄り添って子どもの成長を願っているはずです。しかし集団の中に入ると家庭で子どもに向かい合っていたときとは違い，さまざまな考え方や価値観と出会うことになります。違う考え方や価値観に出会うことは刺激でもあり，葛藤をうむ原因ともなります。子育てに対しても，自分の子どもの育ちや行動も気がかりな点が見えてきます。それらの「気がかりな点」を率直に誰かに相談し，打ち明け共有され解決されれば問題はないのですが，受け入れられず否定される状況にあると，問題として保育現場にもち込まれてきます。

　さて，あなたが担任になってそれらの相談を受ける立場になったとしたらどうしますか。問題解決に向かおうとする筋道をワーク㉒の課題にそって考えてみましょう。また，どのような保護者懇談会を計画・企画しますか。

(5) グループワーク　保育現場からの提言

　保育所，幼稚園，子ども園の子どもたちのクラス作りは保育者が中心になって行っていきますが，保護者の協力が必要不可欠です。保育者側は，親も集団で育ち合うことを期待し，クラス全体，また園全体の保護者に対してテーマを設けて話し合いや講習会等の勉強会を設定し，投げかけていく必要があるでしょう。しかし，先にも述べたように緊張した集団の中では，自分を発揮することはできません。集まりの前などに，グループエンカウンターやロール・プレイング等の遊びの要素を取り入れ，心をほぐしていくことは有効です。同じ空間の中を自由に歩いたり，体を動かしたり，近くの人と握手をして自己紹介をしたりして，出会いの場を保育者が提供していきます。保護者の仲間作りの目的は，本当に子育てに困ったときや行き詰まったときに協力し合える人間関係を整えていくことです。

〈事例３　懇談会に参加して〉

　ある学校の懇談会に参加したときのことです。担任の先生は，集まった保護者に「自己紹介をして，お子さんのことや学校のことで気になることをお話しください。」とその会が始まりました。親側から，次から次から「気になること」「困ったこと」が話されて，その場では解決できそうもない話題であふれてしまいました。担任の先生は何かの問題をつかんでいたからこのような話題にしたのでしょうか。泣き出す親もいて収拾のつかない状況となってしまいました。担任の先生が「気になることを言ってください」と提案されたので当然のなりゆきといえるでしょう。しかし，こんな緊張感あふれる懇談で何か得ら

れるものがあったのかと今でも疑問に思っています。

〈事例4　保護者同士の関係〉

　ある幼稚園の保護者のFさんから「クラスの保護者の中に入れず孤立した状態である。」と私自身担任の時に相談を受けました。「他の保護者と仲良くやっていきたいのですが，どうすればよいのでしょうか。」という内容でした。Fさんの普段の様子からはとくに問題を感じず，穏やかに周りの方と接していらっしゃるように見えていましたので私は驚きました。そこでも具体的な状況やトラブルの内容や，具体的に「折り合いが悪くなった」原因や状況があれば正確に把握し，Fさんが抱いている不安や孤独感を共有したいと思い，もう少し詳しくお話を窺うことにしました。しかし，Fさん自身も，はっきりした要因がつかめていませんでした。「自分は地方出身なので……」とか，「年齢が違うので……」等，他のお母さんの仲間に入ることに臆病になっているようでした。

　Fさんの問題は，「クラスの保護者の中に入れず孤立した状態である。」ということでした。その原因は「自分は地方出身なので……」「年齢が違うので……」と自分は集まっているグループのメンバーとは異質の存在であると感じ，他のお母さんの仲間に入ることに臆病になっていることでした。

　そこで保護者懇談会の際，緊張感が増すような「自己紹介」や「話し合い」は，まず置いておいて，担任がリーダーとなって次のようなゲームをして遊ぶことにしました。

【人間地図】

　出身別「人間地図」作りです。リーダーが手順を説明し，ゲームを進めます。

ゲームの手順と遊び方

① 始めるにあたって，このゲームは「遊び」なので，「人と競わない，間違っても自分を責めない，おもしろがることが原則である」ことを伝えます。

② 部屋の中に「地図を作る」ことを伝えます。「日本地図（必要だったら）世界地図）」の東西南北をリーダーがその位置まで行って場所を示しイメージを参加者と共有します。「ここがみんなが今いる場所」「ここが北海道」「ここが沖縄」と示して地図作りの場所のイメージを参加者と確認します。質問も受けますが，あまり細かい規定は作りません。

③ 「幼稚園時代に過ごしていた場所はどこですか？これからその場所に移動します。」と言います。地図の確認を一通りしたら「これから口がきけなくなること」を伝えます。

④「スタート」し地図作りを開始します。

⑤ 地図作りが完成したことを確認し，参加者の口がきけるようになります。リーダーによるインタビューを行います。内容は「名前を教えてください（必要であれば，お子さんの名前）」「あなたがいるここはどこですか？」「ご当地紹介をしてください」「幼児期の思い出」等，参加者の興味関心や人数によってその必要に応じて質問事項を変えたり増やしたりしてください。

⑥ 全体でもしくは，人数によって地域ごとのグループを作って，⑤で紹介した内容の振り返りやお互いに質問をします。

　クラス懇談会（出身別「人間地図」）参加後のFさんの感想は，「自分だけが地方出身だと思っていましたが，県外出身の人が半数弱いたことに驚いたこと，また，自分の出身の近くの人がいて共通の話題があって嬉しかったです。」と話してくれました。また，他の人の感想を聞いて「自分だけが不安と思っていたが，みんなも何かしら子育ては大変と思っている」ことに気づき，共感された気持ちになれたことを話してくれました。

　実際に懇談会解散後もみんなと一緒に行動したり話し合ったりして母親の中でもリーダー的存在となってくれました。

(6) まとめ

　相談内容によっては，演習で行ったようにグループワークを取り入れて，仲間の問題として共有できるように取り上げていきたいものです。問題そのものを解決する前に参加者の緊張感をできるだけ取り除く方法で対処していきたいものです。きっかけを作ってあげることによって親同士の距離や垣根を外し，信頼関係を構築していけるよう支援したいものです。保護者の相談は正式に申し込まれた面談だけとは限りません。ほんの些細な会話から大きな問題を伝えられることもあります。保護者の相談を受ける際に心がけることは，個人情報厳守です。そのうえで保育者は，相談内容を一人で抱え込まず，先輩の先生にアドバイスを受けることが必要です。

保育相談支援　ワーク㉓

保護者同士がうちとける

　　ここでは保護者同士の距離や垣根を外し，信頼関係を構築していくことができるように保護者懇談会で使えるアイスブレーキングを考えましょう。

例）０歳児の保護者懇談会　　　　日頃保育園で行っている手遊びを保護者会で子どもの様子を伝えながらおしえる
　　　　　　　　　　　　　　　例えば「グーチョキパーで何つくろう」
　　　　　　　　　　　　　　　　　　　「トントントントンひげじいさん」
　　　　　　　　　　　　　　　　　　　　　　　　　　　　　　　　など

１歳児の保護者会

２歳児

３歳児

４歳児

５歳児

第4章◆保育相談支援の方法と技術

保育相談支援 ワーク㉔

保護者対象グループワーク企画

保護者会で，保護者同士がうちとけるために，アイスブレーキングをとり入れたグループワークを企画することになりました。以下の項目に添って企画しましょう。

1) どんな課題のある保護者グループですか？　保護者グループの特徴を決めて書きましょう
例）新入園と2歳児クラスから継続の保護者の交流課題

2) その課題が解決したら，どういう保護者のグループになることが目標ですか？
例）新入園児の保護者と継続の保護者が親しくなり子育ての悩みなどを語り合える。

3) 対象・保護者の特徴と人数を書きましょう
例）比較的20代・30代の若い母親10人と40代5人

4) どんな場面ですか
例）3歳児　新入園時の保護者会の最初の20分をつかう。

5) 企画：活動内容（グループワーク）と流れを例の様に箇条書きで記述しましょう。
例）①　カードをひいてカードに書かれたテーマに添った自己紹介（カードには10種類位違うテーマが書かれている）

ex）　私のお気に入り（カード）　「私のお気に入りは『相棒』を見るという白山マミ子の母です」

②　「猛獣狩りに行こう」の歌にあわせて動物の名前の文字数の人数で集まる（ライオン＝4人組，カメ＝2人組，アゲハチョウ＝5人）。

③　伝言ジェスチャーゲーム：3組（5人ずつ）に分かれて身ぶり手ぶりでお題を前からうしろの人に伝える。

④　保護者会に入り，連絡事項や，園からのおねがいを伝える。

81

6) 活動図を書きましょう

7) 企画作成したら実際にロールプレイしてみましょう
8) 企画書を作成し，実際にロールプレイした感想を書いておきましょう

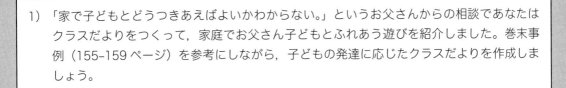

おたよりづくり

1) 「家で子どもとどうつきあえばよいかわからない。」というお父さんからの相談であなたはクラスだよりをつくって、家庭でお父さん子どもとふれあう遊びを紹介しました。巻末事例（155–159ページ）を参考にしながら、子どもの発達に応じたクラスだよりを作成しましょう。

2) 12月の「園だより」をつくってみましょう。12月は行事も多く、インフルエンザなどへの配慮やさまざまな連絡事項も必要です。12月だからこそ、おたよりを通して保護者に伝えたい内容を考えて、作成してみましょう。

① 12月だからこそ、おたよりに盛り込みたい内容を挙げてみましょう

② ①の内容で優先事項を考えながら、園だよりを作成してみましょう

③ 作成してみての感想をまとめてみましょう。友だちの作成したおたよりを見てみましょう。自分の項目にあったもの、なかったものなど比較して、よりよい視点をまとめておきましょう。

3．発達の遅れのある子をもつ保護者への対応

（1）保育現場における発達の遅れのある子への支援

近年，保育所保育において発達の遅れのある子への支援の重要性が指摘されています。さらに，発達の遅れのある子のよりよい育ちのためには保護者支援も重要です。

発達に遅れのある子をもつ保護者の話しの中で，幼少期に子どもの育ちに不安を感じた時の思いを耳にすることがあります。「おっぱいをうまく吸ってくれなかった」「ぐずることが多くって，夜泣きがひどかった」「なかなか目を合わせてくれなかった」など，それはお母さんだからこそ感じられる細かなサイン。そんなサインに「私の育て方が悪いのかしら」と，自分自身を責めてしまうこともあります。「家族に迷惑をかけてはいけない」と夜泣きする子を抱きかかえて，夜な夜な外に出ることもあったという話しからは，子の育ちへの「願い」と「不安」（心理的側面）だけでなく，「体力の限界」（身体的側面）や，「周囲の人はどうしたら理解してくれるの」（社会的側面）といったさまざまな「つらさ」をともなって子育てをしてきたことを実感させられます。

保育所や療育施設での保育者との出会いは，保護者にとっては「この子のことを理解してくれて，一緒に考えてくれる人」との初めての出会いでもあることも多いのです。子が成人を迎えた保護者から「やっぱりあの頃（保育所や療育施設）が一番良かった」という話しもよく聴きます。

保育者にとっては「子どもの育ち」に目を向けたとき，「もっとお母さんにわかってほしい」と思うこともあるかもしれません。しかし，発達の遅れがはっきりとわからない時点でも，保護者はこれまで紹介してきたような「つらさ」をともないながら，苦労して子育てをしてきています。だからこそ，まずは保護者の気持ちを受けとめることが，発達の遅れのある子をもつ保護者への対応においてとても重要なのです。

(2)「気になる子」との出会い

　マコトくんは3歳5か月で入園してきた。入園前の面接から，歩行の不安定さが見られ，発語がほとんど聞き取れないため，保育士はマコトくんの育ちを気にしたが，母親からの具体的な発達に関する相談はなかった。

　ある日，マコトくんの母親が参観している時に，電車ごっこに喜んで参加したマコトくんは，歩行が安定せず，転倒してしまった。保育者がマコトくんに寄り添うと，母親が「なんだか転びやすくて……」とこぼしていた。後日母親とマコトくんの育ちについて面談することを約束し，その日までマコトくんの育ちについて保育者の視点から観察することにした。

　日頃の保育を通して，マコトくんの育ちを見つめながら，他の保育士とともに，現在のマコトくんの育ちについて以下のようにまとめられた。

①言葉の育ち　発語はあるが，意味は聞き取ることが難しい。名前も発音が不明瞭。しかし話の内容はよくわかっている様子で，教室から外遊びなど場面転換の際にも状況理解は適切であった。

②運動機能　歩行が左右にゆれる様子がみられ，よく転倒する。ジャンプはまだできない。手足に力が入らない様子で上履のかかとを入れることが難しい。絵画でも筆圧が弱く，か細い線を描くのがやっとであったが，楽しんで取り組む姿は見られた。

③身辺自立　自分で支度をしようという意欲が見られる。保育者が手伝おうとすると手で保育者を押しとどめて自分でやろうとする。着替えの場面で，力を入れることが難しいからか，パンツやズボンの上げ下ろしが難しく，体幹がぐらつくこともあり時間がかかる。

④排泄　入園時はおむつをはずしたばかりで訓練中だった。1日1回程度失敗してしまうこともあったが，不快な表情や目で訴えたり，おしりをたたいてジェスチャーで教えることができるる。

⑤食事　自分でフォークを使って食べる。フォークが刺しづらい様子の時は母親が手伝っていた。

⑥人間関係　性格は温和で明るく人懐っこい。他児や保育者の様子をみて笑ったり，表情は豊かである。おもちゃをあげたり，もらったりはできていた。発語は不明瞭だが，表情と身体表現でコミュニケーションをとることができている。

　保育所保育において，保育者が発達の遅れに気がつくときはどんな時でしょうか。遊びの場面で，他の子どもたちと関わって遊ぶ場面も増えてくる中で，「ひとり遊びの場面が多くて特徴的な遊び方をする」ということもあるのではないでしょうか。お片付けの場面で「何をしてよいかわからず一人でぼーっとしている」という場面も指摘されることが多くあります。まだ，子どもの育ちに個性がある時期なので，他の子どもとはっきりと違いがあり，遊べないわけではないですが，保育者としては「気になる子」の視点をもつこと

になります。

　「気になる子」の視点は，障害があるなど診断はついていない中で，保育指導上の困難さがあるときに浮かび上がってきます。保育者は「発達の遅れがあるのではないか」「保護者は気づいているのか」などが一番気になる点になるでしょう。しかし，保護者は子どもの育ちの遅れに気づいていることも多く，一方で保育者に相談できていないケースが多いのです。その背景には「先生にうちの子だけ嫌われてしまうのではないか」「うちの子はみんなと違うの？」など，不安な思い，つまり「困っている」保護者の思いがあります。保護者のみならず，「困っている」のはお子さんも一緒です。「みんなと遊びたくない・やりたくない」ではなく，「うまくかかわれなくて困っている」というのが，子どもの気持ちなのです。

　発達の遅れのある子ども・保護者支援には，発達の遅れがある・なしではなく，子ども・保護者のこうした「困り感」に気づき，そこに保育者がどのように関わるかが大切なのです。

第 4 章◆保育相談支援の方法と技術

保育相談支援 | ワーク㉖

お子さんの育ちについての保護者との情報共有

　　子どもの育ちが気になる子がいます。園での集団生活が苦手な様子で見守りが必要な場面がたびたびあります。ひとり遊びが多く，遊び方にもこだわりが見られます。保護者からは相談がないので，園ではその子の個性として捉えながら，細やかに育ちを見守っています。子の育ちについて，どのような場面で保護者と話をしたらよいでしょうか。

　上記の事例について，以下のような対応が考えられますが，それぞれ，その対応のよい点，逆に対応の問題点，配慮が必要な点もあると思います。両者についてかんがえてみましょう。

① 　できるだけ早く保護者に子の育ちについて認識してもらうために，
　　なるべく早く保護者に面接の時間を約束し，療育機関等を紹介する。

　よい点

　対応の問題点・配慮点

② 　あくまでも，保護者の思いを大切にしたい。だからこそ，保護者から相談があるまで，
　　話はせずに待ちつづける。

　よい点

　対応の問題点・配慮点

③ 　①，②をふまえて，あなたならどのようなかたちで保護者に説明しますか。
　　具体的な場面や方法を想定して考えてみましょう。

87

（3）発達の遅れのある子どもをもつ保護者の気持ちに寄りそう

　　数日後，担任保育士のサチエさんはマコト君のお迎えの時間前に少し早く園に来てもらい，別室にて面談した。サチエさんはマコト君の育ちの観察記録を確認しながらも，まずはマコト君が園でお友だちと積極的に関わっていること，それが成長につながっていることを伝えた。すると，母親は少し安心した表情で，マコトくんの言葉の遅れや他の子どもより運動ができないことについて話しはじめた。また，入園前までに「ことばの相談室」や療育センター，小児科など多種多様な機関を訪ねて，マコトくんの発達の遅れについて相談してきたが，納得いく治療や指導を受けられず大変傷ついた経緯を話してくれた。
　　サチエさんは「園でできることはありますか」と母親に聞くと，言語刺激が豊富な集団生活の中でマコト君が意欲的になることを期待していた。また先生方が丁寧にマコト君に関わってくれていることに感謝していた。サチエさんは，他の保育士とも連携して，マコト君の育ちの記録をつけていることを伝え，記録を見せると母親は「こうした支援もしていただけるのですね」と安心し，涙をうかべる様子も見られた。
　　サチエさんは，会議でマコト君の母親の思いを話し，マコト君が何かに取り組むことや，自ら話す意欲を大切にしていく支援を提案した。また，保育園でできることとして，定期的に保護者と面接しながら，マコト君の個別支援計画を作成して支援していきたいと考えている。

　発達の遅れがある子どもの保護者支援では，まず専門的な知見が必要なのではないかと考えることも多くあります。たしかに，発達の遅れをどう理解し，支援するのかといった専門的な知見は大切です。

　しかし，保護者の思いは「この子のことを理解してくれて，一緒に考えてくれる人」を求めています。保護者のつらい気持ちを受けとめながら，保護者と一緒に子どもの育ちをみつめていこうとする姿勢が，保育者に求められるのです。保育者の丁寧なかかわりが，保護者が子どもの育ちを受け容れる気持ちに繋がっていくのです。

　またアセスメントを通して得られた情報を整理しながら，見通しをたてて子どもの育ちを支えていくために，個別支援計画を作成することも大切です。日々の保育目標は，子どもたち全体の中で一人ひとりの育ちを見守っていきます。しかしながら，発達の遅れのある子どもの保育は，個別の配慮や支援が必要な場合も多くあります。個別支援計画では，現在のその子ども自身の身体的・心理的育ち，さらに子どもや保護者を取り巻く人間関係や社会関係をとらえたうえで，短期的・長期的な育ちの目標を示します。子どもの育ちにマッチした支援が展開されているか，必要があれば支援内容を見直しすることで，より個別に適切な支援を検討し，修正しながら保育を展開することができます。

（4）専門機関の利用への抵抗感

　発達の遅れが気になる子について，園での様子を保護者に伝え，医療機関の受診や療育機関での相談を勧めることがあります。保育者の願いは，「子どもの育ちのためにも，なるべく早い時期に，専門的な療育をすすめたい」ということにあるのですが，その思いが保護者の願いとすれちがってしまうこともあります。「先生はなぜ診断名をつけたがるのか」「まだ幼くて，これから可能性があるのにこの子が嫌いなのか」といった，保育者への不信感につながってしまうこともあるのです。

　なぜ専門機関での受診が必要なのでしょうか。保育園で求めているのは，専門機関での受診によって，診断をつけることではありません。日々の保育を基本にしながら，さらに子どもの育ちが促されるように，より適切な働きかけや環境づくりをしていくためです。そして，その子がより生き生きと保育園で過ごしてもらうこと，子どもの育ちがより促されることが目的なのです。

　「保育園に見捨てられてしまうのでは」と心配する保護者もいます。保育園と療育機関を併用して利用できることや，他機関との連携の中で子どもの育ちを見つめていくことは，子どもを見守ってくれる多くのサポーターを得ることだと伝えていきましょう。保護者にとっても，子どもに生き生きとした笑顔があること，そして子どもの育ちや保護者自身の思いを理解してくれる人が広がることは何よりも大切なのです。

（5）支援や環境の変化が子どもの育ちと保護者の思いを変えていく

　　面接をしてから，保育士のサチエさんは，マコト君の母親と話す機会が多くなった。マコト君の母親も，子どもの育ちについて遠慮なく相談していいのだという安心感をもてている様子であった。子どもの育ちについて積極的な情報交換ができるようになり，マコト君の母親と育ちを共感できる場面，またそれだけでなく，就学にむけての悩みや不安を強くもつ場面も見られるようになった。「小学校にあがるまでに，○○ができてほしい」という思いを受けて，医療機関の受診や療育機関との連携も視野に入れながら，保育園でできる適切な支援や環境設定をしていきたいことを伝えた。
　　母親は，これまで奔走してきた経験から躊躇する場面も見られたが，「保育園が進めてくださるならば……」と療育機関での相談を受けるようになった。園からも療育機関で指導の進捗状況について定期的に把握し，さらに療育機関から巡回指導をお願いするようにした。
　　入園してから，1年半がたつが，マコト君の育ちは目を見張るように変化が見られた。運動機能について，転びやすいことに配慮しながらも，マコト君が好む遊びを意図的に多く取り上げながら，積極的に友だちと触れ合える場面を増やした。体力もついてきたこともあり，ジャンプも足が地面から少し離れるようになってきた。友だちとの関係も，成長す

るにしたがって言葉や運動など，他児とのちがいが把握される場面も多くなったが，「マコト君，こうしたいの？」と保育者の真似をして，マコトくんの意図を確かめながら遊ぶ姿がみられるようになった。コミュニケーションについても，発語が見られるようになり，母音がはっきりしなくても，聞き取れる言葉も多くなってきた。

　母親の様子も，他児の母親とコミュニケーションをとる場面が増えてきた。園でも積極的に交流できる場面に誘うようにしていたが，日々の保育や子ども同士の交流から，他児の母親からマコト君の母親に話しかけるなど，マコト君の成長をともに喜べる関係や雰囲気がうまれた。母親も，マコト君が伸び伸びと自己表現をしている姿に，発達の遅れについて受け容れながら，自信をもって子育てする姿が見られた。相談の内容も，就学に向けて，どこの特別支援学級がよいか，また放課後の支援についてなど，積極的にマコト君の育ちについて先回りして対応していこうとしているようである。

　保育園でも，マコト君の母親からの情報が勉強になることも多くあった。担任保育士のサチエさんだけでなく，他の保育士も，発達の遅れのある子どもの支援について，保育園でも積極的に学んでいこうという意識が高まっている。

　発達の遅れが気になる子どもの育ちについて，他児とのちがいがはっきりとしてくることで，保護者の不安や心配が大きくなることがあります。子どもの育ちは，個性がありみな違うこと，また，身長や体重のみならず，心の育ちがとても大切なことを伝えていくことが大切です。子どもの心の育ちは，子どもの周囲の人や環境とのかかわりあいを通して，感じたり，考えたり，ときに失敗するような体験もしながら，質的に変化していくのが特徴です。保護者支援を通して，保護者が子育てに向き合う自信を支え，育てていくこと，また他児やその保護者の理解を広げていくこと，保育者自身が，発達に遅れのある子どもの支援について積極的に向き合うことが大切です。発達の遅れのある子どもと保護者を取り巻く，環境の変化が，子どもの育ちを一層促し，保護者の思いを変えていくことに繋がっていくのです。

(6) 障がいを受けとめていく過程に寄り添う

　保護者は子どもの育ちに一喜一憂しながらも，願いをもって子どもを見つめています。「わが子の育ちが他の子とちがう」と感じた時，または「発達の遅れの疑いがある」と指摘されたとき，「どうしたらいいの」という思い，子どもの将来への期待や願いを断ち切られた気持ち，「悲しくて，苦しくて，涙が止まらなかった」というお話をお聞きすることがあります。そのような保護者も，卒園数年後に再会すると，さまざまな経過を経て，たくましく子育てしている姿を目にすることが多くあります。

　保護者の思いを理解するうえで，保護者が子どもの障害を受容していく過程についての

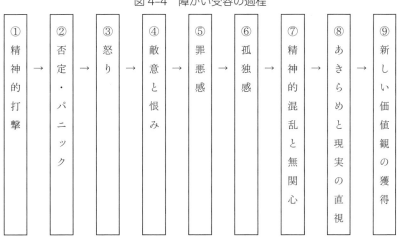

図4-4　障がい受容の過程

出典：佐々木正美『小児保健情報』30, 24-29, 1994年より一部改変

知識も役にたちます。具体的には，①精神的打撃，②否定・パニック，③怒り，④敵意と恨み，⑤罪悪感，⑥孤独感，⑦精神的混乱と無関心，⑧あきらめと現実の直視，⑨新しい価値観の獲得，に分けてとらえます。

　障がいを受けとめていく過程は，人によってちがいます。すべての人が上記の過程を通るとは限りません。ただし，発達の遅れについて否定的にとらえる保護者の思いを理解するとき，その思いがどの段階にあるのかを理解する中で，辛抱強く保護者の思いを聞いていくことができるのではないでしょうか。

　ある保護者から「子どもに発達の遅れがあると知ったその日から，日々，どうしたらいいの？……という思いとつき合っていかなくてはならない現実があるんです」という話を聞いたことがあります。

　障がいを受けとめていくには時間がかかるものです。そしてこれらの過程を順調に進んでいくのではなく，行ったり来たりしながら進んでいくものです。保育者が，「なかなか保護者が発達の遅れを受けとめてくれない」と悩むことがありますが，保護者の思いに立ち返ってみると，「なぜうちの子だけがこんなことになってしまったのか」「外見上なにも問題がないのに，どこに原因があるのか」「他に原因があって，治るのではないか」など，さまざまな思いの過程を経て，一歩ずつ受けとめていくことを理解することが大切です。ある意味，「障がいを受けとめる」ということができなくても，目の前にある「子どもの育ちに目を向ける」ことができればよいと考えることも大切です。そして，何よりも子どもの育ちを支える保護者が楽しんで子育てしていくことを大切にしましょう。子どもが育

つ力に何よりも大切なのは，日々近くで寄り添う保護者の力なのです。「障がいを受け容れる」ことのみではなく，保護者自身が子どもの育ちに向き合う思いを支え，高めていくことが大切なのです。

第4章◆保育相談支援の方法と技術

保育相談支援　ワーク㉗

マコト君の個別支援を考える

　保育所保育指針では，特別な支援を必要とする子どもと家庭への保育について，子どもと家庭の双方へのきめ細やかな配慮のもと，家庭の事情に応じた個別的な支援が必要だとしています。そこで，マコト君の事例を通して，個別の支援をプランニングしてみましょう。

①　マコト君および家庭の状況をアセスメントしてみましょう。まず，以下の家族関係であることを参照に，エコマップ，ジェノグラムを作成してみましょう。

父母とマコト君の3人家族である。父親は会社員で穏やかで子煩悩。マコトくんはとてもパパになついている。母親は専業主婦で明るく優しい性格である。父方，母方も祖父母は健在。父方の実家は遠方のため，日頃の交流はない。母方の祖父母は近隣に在住しており，参観日などにも顔を見せている。母親はマコト君の発達に遅れがあるのではないかと内心心配しており，そうした不安を父親や母方の祖父母にも相談している。

②　「「気になる子」との出会い」「発達の遅れのある子どもをもつ保護者の気持ちに寄りそう」の事例から，以下の項目についてマコト君の育ちをまとめてみましょう。
　（情緒面の育ち）

　（心身機能・からだの育ち）

　（言語・他者との人間関係の育ち）

　（性格・好きなこと・嫌なこと）

③　②と同様の事例を用いて，マコト君および母親の実際の行動・発言をあげて，そこから思い・
　　ニーズ・願いを考えてまとめてみましょう。

マコト君	実際の行動・発言等	思い・ニーズ・願い
母親	実際の行動・発言等	思い・ニーズ・願い

④　②，③をうけて，保育者および保育所はどのような支援を行っていますか。
　　保育者自身の支援についての考え，願い，また保育園としての支援方針について
　　その後の事例も含めてまとめてみましょう。

　　保育者の支援について（保育者の保育についての考え・マコト君や母親への願い）

　　保育所の支援方針について

⑤　あなたがマコト君の担当保育士であったら，今後のマコト君および母親への支援はどのよ
　うにしていこうと思いますか。今後このようになってほしい」という願いとそれに応じた保育
　方針・支援方針を考えてみましょう。

マコト君の今後の育ちへの願い	保育方針・支援方針
母親への願い	保育方針・支援方針

保育相談支援 ワーク㉘

発達の遅れのある子どもを支援する専門機関

① 発達の遅れのある子どもを支援する専門機関にはどのようなものがあるのか。あなたが生活する地域の医療機関や療育機関について調べ，どのようなサービスが提供されているか調べてみましょう。

② 上記で調べた専門機関において，発達の遅れのある子どもの乳幼児期から就学後において，どの年齢でどのサービスが提供されるのか，また利用ができるのか整理してみましょう。

4. 特別な配慮が必要な家庭への対応

(1) さまざまな背景をもつ家族への支援

　ナオちゃん（5歳）は，母親と弟（3歳）の3人家族である。母親は東南アジアの出身で，父親は日本人であったが，母親へのドメスティック・バイオレンスや子どもへの虐待もあり，児童相談所や母子施設の支援を受け，2年前に離婚している。離婚をきっかけに，転居したため，母親は日中は工場で働き，市役所からの紹介もあり，ナオちゃんは2歳7か月で，保育園に弟とともに入園することになった。

　入園時には，開所時間より早く登園してきたり，連絡もなくお休みしたり，持ち物をそろえてこなかったりと課題も見られた。また，ナオちゃんには，言葉の問題もあり，友達と触れ合うことが難しかった。担任保育士は，母親があまり言葉が通じないこと，またこれまでの生活の中で心に受けた傷も影響しているのではないかと感じていた。登園時の様子には，母親の荷物を持ったり，弟の靴を脱がせたりと，幼いながらも母親を気遣い，兄弟の面倒をよくみるやさしい気持ちをもった姿が見られる。保育園では，あたたかい大人たちの見守りの中で，ナオちゃんが，お友だちと子どもらしく生き生きとすごしてもらうことを大切に保育していくことになった。

　保育所における保護者支援では，ひとり親家庭における支援，子どもへのネグレクトや虐待が疑われる家庭への支援，外国籍の家庭における保護者支援等，さまざまな背景をもつ家族への理解が必要になることがあります。あくまでも，日々保育所で子どもが生き生きと過ごすことができるための支援，またそのために必要な保護者への支援を基本としながら，個々の家庭の背景にある課題に対して，特別な配慮や理解をしていく視点が大切です。また，家庭の背景にある課題が複雑に絡み合って解決が難しい場合や，保育所のみでは問題解決が難しい場合には，市役所や関係機関の協力を仰ぎながら支援していくことも重要です。

第4章◆保育相談支援の方法と技術

保育相談支援　ワーク㉙

児童福祉等の専門機関の役割

児童相談所，児童養護施設，母子生活支援施設，市役所の保護課について，どのような役割を果たしているのか，保育所での子ども支援において，どのような複雑なケースに関連しているのかについて調べてまとめよう。

	役割	保育所での子ども支援との関連
1）児童相談所		
2）児童養護施設		
3）母子生活支援施設		
4）市役所の保護課		

(2) 子どもへのネグレクトや虐待・生活困難への配慮

　　ナオちゃんの母親は元気で朗らかな性格であった。しかし，ナオちゃんが入園してくるまでの経過を踏まえると，保育園としても特別な配慮が必要だと考えていた。

　　母子施設からの連絡では，ナオちゃんと弟は父親が違い，弟を妊娠した時から父親のナオちゃんへの虐待が始まり，ナオちゃんをかばった母親も父親から暴力を受けることになったようである。ナオちゃんが言葉を発すると「うるさい！」と叩かれることが多かったようで，ナオちゃんの言葉の問題はこうした環境も影響していると考えられた。また，同年代の子どもたちと遊ぶ経験がなかったため，はじめは保育者の影に隠れていることが多かったが，仲のいい友だちが1人，2人とできることで，子ども同士で遊ぶ様子が見られるようになった。保育者たちは子ども同士の力が，ナオちゃんの育ちを引き出していると実感していた。

　　また，保育者たちは，ナオちゃんのお母さんについても，外国人がひとり親で子育てをしながら仕事をしていくことは，大変な努力が必要であり，保育所としても支援が必要だと感じていた。入園して半年程の頃，母親の残業が続き，お迎えが遅くなることが続いた時期があった。担任保育士は，もう少し早く迎えに来ることができないかと感じていたが，お迎えに来る母親の表情にも疲れが見られ，ナオちゃんも「帰りたくない」とぐずる姿が見られていた。母親はナオちゃんに，母国語でしかりつけるような口調でまくしたてる様子が見られていた。

　　担任保育士は，母親に「ナオちゃんも，保育園に慣れてくれて安心して過ごせるようになってきたのですね。」と声をかけながら，「お仕事いかがですか？」と聞くと，「大変。残業しないとやめさせられちゃう」と話してくれた。その後も，疲れて夕食も準備できないとも話をしていて，子どもの成長・健康上の配慮も必要であることがわかってきた。

　　園長に相談し，市役所のケースワーカーや母子施設の職員と情報を共有したところ，母子施設の職員が家庭に訪問し，生活指導をしてくれた。また，最近になって母親の職場の上司が変わり，外国人労働者への理解や対応が悪くなっていることがわかった。その後，市役所の調査や申入れによって，状況が改善され，母親も早くお迎えに来ることができる日が増えてくるようになった。お迎えの時に，「困ったときには，一緒に話しましょう」と母親に伝えると，母親から笑顔も見られるようになった。

　保育者がネグレクトや虐待を把握するのはどんな場面でしょうか。多くの場合，子ども自身の表情・態度・身体状況などから読み取ることになります。「身体にいくつもの傷がある」「お風呂に入れてもらっていない」「着替えがなく毎日同じ服装」「いつも空腹で登園する」等，子どもの身辺の状況に問題がはっきりと浮かび上がってくるケースがあります。

　一方で，「つい子どもに冷たくあたってしまっている」「生活が苦しく子育てのことなど考えられない」など，結果的にネグレクトになってしまっているケースもあります。まずは，子どもや保護者がどのような状況に置かれているのかを，一番身近に，直接把握できるのは，日々の親子の姿に出会うことができる保育の現場であることを確認しておくことが大切です。

(3) 子どもの命，心，将来を守るために

　子どもの着替えの際に，身体にいくつもの傷やあざが見つけられたとき，子ども自身に「この傷どうしたの？」と聞くと，黙ってしまうことや，「転んでできた」と保護者をかばうこともあります。また，そうしたことを同僚の保育士に相談したら，「それはたまたまかもしれないし，あんまり問題にしないほうがいいよ」と言われて判断に迷ってしまうこともあるようです。

　「子どもの最善の利益」を考慮し，まずは子どもの命，子どもの心，子どもの将来を守ることが保育者の役割であることを自覚しましょう。児童虐待でとにかく大切なのは，できるだけ早く，適切に判断し，多くの目で子どもを見守ることです。

　虐待の早期発見については，子ども・保護者の日々の様子や行動を見つめながら，気がかりな点をチェックしておくことが大切です。虐待は一時的なものではなく，継続的なかたちで，徐々に被害のかたちが見えてくるのが実際ですが，子どもの命に関わるような事態になる前に，気がかりな点を見つめ，虐待を予防する対応がとても大切なのです。

　以下は，神奈川県が示している保育所における虐待予防のためのチェックシートです。ネグレクトや虐待の判断の基準として，気がかりな子ども・保護者の様子についてのチェックポイントも示されており，保育所における虐待・ネグレクト発見のために大変参考になります。こうした内容について，日頃から保育者同士で虐待・ネグレクトの視点について確認しておくことが必要になります。

保育所における虐待予防のためのチェックポイントとチェックシート
(1) 気がかりな子どもの様子・チェックポイント

身体的な変化	ア　不自然な傷や同じような傷が多い ア　原因のはっきりしないケガをしている ア　治療していない傷がある オ　身長や体重の増加が悪い
表　　情	イ　表情や反応が乏しく笑顔が少ない イ　おびえた泣きかたをする ウ　養育者と離れると安心した表情になる イ　落ち着きがなく警戒心が強い
行　　動	エ　身体的接触を異常に怖がる エ　衣服を脱ぐときに異常な不安を見せる カ　不自然な時間に徘徊が多い
他者との関わり	キ　他者とうまくかかわれない キ　他者に対して乱暴である ク　保護者が迎えにきても帰りたがらない エク　他者との身体接触を異常に怖がる
生活の様子	ケ　衣服や身体がいつも不潔である ケコ　基本的な生活習慣が身についていない コ　給食をむさぼるように食べる オ　予防接種や健康診断を受けていない サ　年齢不相応の性的な言葉や性的な言葉や性的な行為がみられる

(2) 気がかりな保護者の様子・チェックポイント

子どもへの関わりかた	セ	子どもへの態度や言葉が拒否的である
	セ	子どもの扱いが乱暴である
	セ	子どもに対して冷淡である
	セ	兄弟に対して差別的である
他者への関わりかた	シ	他者に対して否定的な態度をとる
	シ	他者との関係がもてない
	シ	保育士との会話を避ける
	シ	説明の内容が曖昧でコロコロ変わる
	シ	子どもに関する他者の意見に被害的・攻撃的になる
生活の様子	シ	地域の交流がなく孤立している
	ス	不衛生な生活環境である
	ソ	夫婦関係や経済状態が悪い
	タ	夫婦間の暴力が認められる
保護者自身のこと	チ	ひどく疲れている
	チ	精神状態が不安定である
	チ	性格的な問題として，被害観が強い，偏った思い込み，衝動的，未成熟等
	シ	連絡が取りづらい

(3) 保育所における虐待予防のためのチェックシート

保育所における虐待予防のためのチェックシート			
園児氏名（　　　　　　　）年齢・月齢（　　　　　　　）			
		チェック項目	状況
登園時の様子	子ども	□けが（あざ，きず，こぶ，その他（　　　　　　）） ア □表情（ぐずる，元気がない，暗いなど） イ □衛生面（身体の汚れ，異臭，同じ服，服の汚れ） ケ，コ	
	親	□親の態度　登園時（疲れている，その他　　　　　　） セ 分離時（子どもと視線をあわせない） ウ □遅刻の状況（事前連絡の有無等） オ □忘れ物が多い　シ	
遊びと生活の様子	子ども	□食事（がつがつ食べる，飲み込み，その他） コ □表情（ボーっとしている，無表情など） イ □おむつ交換，衣服の着脱時　エ，ケ □友人関係（攻撃的，言葉づかいなど） キ □遊びの中での様子　（独占欲（人，もの）その他） キ □体調不良　オ　　□徘徊　カ □午睡時（性器の露出など） サ	
降園の様子	子ども	□親を見る表情，親との会話　ク，セ □親と再会した時の態度の変化　ク，セ	
	親	□親の態度　セ，チ，シ □保育士を避けるような態度	
その他	その他の情報	□家族の様子（母親・父親・祖父・祖母・夫婦間・ 　その他　　　　　　） タ，ソ，チ □経済状況　ソ □就労状況（常勤・パート・その他） ソ □住まいの様子　ス □いつもと違う様子	
備考			
・記入する時には，具体的な様子は，チェック項目の末尾に書かれたアルファベットと，「気がかりな子ども，保護者の様子」を参考に，同じ記号の部分を手がかりとして書いてみましょう。			
施設長（　　　　　　　） 主任（　　　　　　　）　　　　　　（　　　　　　　）			

出典：神奈川県県民局次世代育成部次世代育成課ホームページより
　　　http://www.pref.kanagawa.jp/cnt/f6587/p19565.html

(4) 保育所で虐待の疑いを発見した場合の対応の流れ

担任保育者が気がかりな点を発見した時，まずは，主任や園長など多くの目で判断を仰いだうえで，市町村の子ども課や，児童相談所に適切につなぐことが求められます。そのうえで，保育所のみで対応するのではなく，関係機関と連携し，適切な見守りやケアを図ることが大切です。

保育所は，市町村の連絡に応じて関係機関で情報の共有化を図るためのネットワーク会議の際に，虐待の疑いを発見するまでの流れ，子どもや保護者の日頃の様子などを，適切に伝える必要があります。近年では，「要保護児童対策地域協議会」が設けられている場合もあります。定例で会議が開かれ，関係機関や地域の要保護児童の具体的な支援内容の検討がなされています。直接子どもや保護者に関わる関係機関のみならず，研究者等も含めた広い見識から適切な支援について検討が図られています。

まずは，通報から方針が決定されるまでのながれを具体的に確認しておきましょう。

図4-5 通報から方針が決定されるまでの流れ

```
┌─────────────────────────────────────────┐
│ 虐待が疑われる気になる親子の発見          │
│   →　保育所内で情報を共有し組織として対応 │
├─────────────────────────────────────────┤
│ 市町村の児童相談の窓口に通報              │
│   →電話で連絡し，ファクシミリ等で情報提供 │
│   ＊通告連絡票の活用                      │
│   ＊必ず「児童虐待の通報（通告）です！」と伝えます。 │
└─────────────────────────────────────────┘
```

```
┌─────────────────────────────────────────┐
│ 市町村における現状の確認                  │
│   →家庭訪問やその他の情報の把握           │
└─────────────────────────────────────────┘
```

```
┌─────────────────────────────────────────┐
│ ネットワーク会議の開催（子どもに関わる機関が出席）│
│   →保育所としてもっている情報を提供       │
└─────────────────────────────────────────┘
```

```
┌─────────────────────────────────────────┐
│ 一時保護と判断された場合は児童相談所の役割 │
├─────────────────────────────────────────┤
│ 見守りと判断された場合は関係機関の役割     │
│   ＊必ず保育所としての役割を具体的に確認しておきます。│
│   ＊市町村の児童相談の窓口に定期的な連絡・報告 │
└─────────────────────────────────────────┘
```

出典：神奈川県県民局次世代育成部次世代育成課ホームページ（http://www.pref.kanagawa.jp/cnt/f6587/p19565.html#gyakutaitaiou）を参考に筆者作成

コラム　　　生活困難がネグレクトや虐待につながる

　東京都による調査「虐待の背景要因となる家庭状況」(2005) を示したデータでは，虐待が「経済的困難」に起因したさまざまな複合的問題を抱える家庭に起こりやすいことを明らかにしています。

虐待の背景要因となる家庭状況

家庭の状況	合わせてみられる他の状況上位3つ		
1　ひとり親家庭 460 件 (31.8%)	① 経済的困難	② 孤立	③ 就労の不安定
2　経済的困難 446 件 (30.8%)	① ひとり親家庭	② 孤立	③ 就労の不安定
3　孤立 341 件 (23.6%)	① 経済的困難	② ひとり親家庭	③ 就労の不安定
4　夫婦間不和 295 件 (20.4%)	① 経済的困難	② 孤立	③ 育児疲れ
5　育児疲れ 261 件 (18.0%)	① 経済的困難	② ひとり親家庭	③ 孤立

出典：東京都保健福祉局 (2008)『児童虐待の実態Ⅱ』から引用，作成

　「子どもの貧困」についても取り上げられていますが，貧困の中心的課題は「経済的困難」といえます。データではこうした「経済的困難」から引き起こされるさまざまな課題（孤立や就労の不安定，ひとり親家庭，等）と「虐待」が関連していることを示しています。
　保育所の保護者支援において，虐待やネグレクトへの対応を図るとき，保護者の子どもへの思いにアプローチするだけでなく，その家族が置かれている背景に注目し，そこにある課題や状況にも理解を示すこと，その視点で保育所において何ができるのかをとらえることも大切な視点なのです。

(5) 外国籍の家庭に対する保護者支援

　ナオちゃんの母親はあまり言葉が通じないが，担任保育士は，誠意をもって語り掛けながら，理解が難しい時には，連絡帳に絵を描いて説明するなど，丁寧に支援してきた。ひとり親家庭で，異文化の中で働きながら子育てしていくことは大変な苦労である。行事の衣装など，準備が難しいものは保育園で対応していくようにした。
　ナオちゃんより1年前に入園している外国籍の子どもの保護者も，ナオちゃん家族のことを気にしてくれており，母親の了解をとったうえで，相談に乗りあえるように保育園のお迎えの時に紹介をした。それ以来，わからないことなど，母親同士で相談をしている様子である。
　母親も「保育園は子どもを預かってもらうところ」とはじめは思っていたが，次第に子どもの成長・発達のための教育的な支援や，相談にものってくれる場所だと認識するようになった。家庭での子どもたちの過ごし方についての相談や，母親自身の仕事について，経済的な苦しさについてなど，保育者に相談するようになってきた。
　文化の違いがある中で，母親が努力して子育てしていることを認めながら，理解が難しい場合も気長に見守りながら支援している。さらに，入園時に紹介を受けた母子施設や市役所とも継続的に連携し，情報交換も続けている。
　2年がたち，ナオちゃんは，今ではお友だちと積極的に触れ合い，子どもらしく楽しんで遊ぶ様子が見られている。母親も明るく他児の保護者ともコミュニケーションをとる姿が見られるようになっている。

地域によって外国籍の子どもたちの入所が多い保育園も多くあります。さまざまな国籍がありますが，日本ではアジア圏の移住者が多い傾向です。

また，同じ国の出身者の家族グループ（母国コミュニティ）があり，降園後はそのグループの誰かの家庭で過ごし，夕食などともにしていることもあります。

保育者が心がけていなければならないことは，まずは，異文化への理解を示すことです。生活時間，食事，子育ての方法，コミュニティのあり方など，母親が育ってきた文化によって違いがあります。日本の文化や保育所のやり方に合わせるように指導するのではなく，その人がもっている文化を尊重しながら対応することが大切です。これは，バイステックの「個別化の原則」ともつながる考え方です。ただし，保育者の視点から，明らかに子どもの生活や健康において問題になるときには，「子どもの最善の利益」を考慮し，保護者に対応方法についてはっきりと伝えていくことも必要になります。そのためには，日頃からコミュニケーションをはかり，基本的信頼感を築くことを心がけましょう。「言葉がわからないから，理解してもらえない」ではなく，「文化の違い」ととらえ，どうしたら伝わるかを工夫していきましょう。最低限理解してもらいたいことから伝えていく，また文字や言葉で伝わりにくいことについて，連絡帳などに絵を付け加えて伝える，母国コミュニティの協力を得て情報を伝えてもらうなど，コミュニケーションの手段や方法を広げる工夫も相談支援の技術なのです。

保育相談支援　ワーク㉚

ナオちゃんと母親の保育相談支援を整理する

　虐待やネグレクトへの対応については，保育者が子ども・保護者の様子をしっかりと観察し，状況を踏まえながら適切に対応することが大切です。

　ナオちゃんのケースにおいて，担任保育士はナオちゃん，ナオちゃんの母親にどのような思いをもって，どのような支援をしているでしょうか。事例を踏まえて，以下の図に考えられる点をまとめてみましょう。

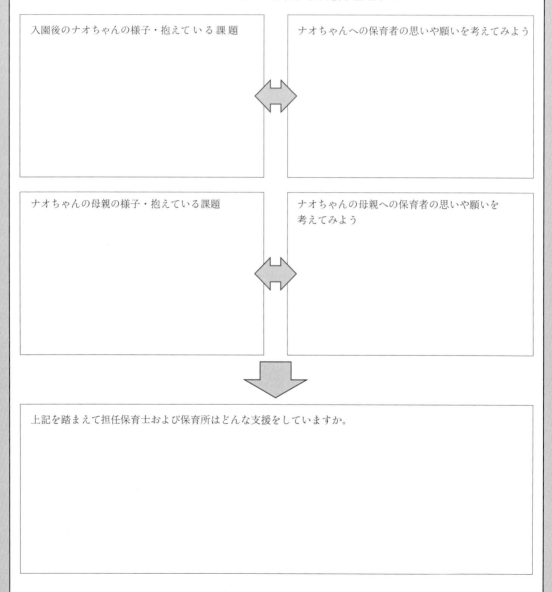

ナオちゃんと母親への保育相談支援を整理する

| 入園後のナオちゃんの様子・抱えている課題 | ナオちゃんへの保育者の思いや願いを考えてみよう |

| ナオちゃんの母親の様子・抱えている課題 | ナオちゃんの母親への保育者の思いや願いを考えてみよう |

上記を踏まえて担任保育士および保育所はどんな支援をしていますか。

第4章◆保育相談支援の方法と技術

保育相談支援 ワーク㉛

ナオちゃん家族への支援・就学準備

① もうすぐ運動会があります。ナオちゃん家族にとって，運動会ははじめての経験です。ナオちゃんの母親にその準備をお願いするときにどんな工夫をしますか。運動会でダンスをする衣装の準備，当日の持ち物について，お弁当の用意など，具体的に必要な事項をあげて話し合ってみましょう。

② あと1年でナオちゃんも小学生になります。就学にむけて，どんな準備が必要でしょうか。いつごろから，どんな支援が必要なのか，グループで話し合ってみましょう。

保育相談支援 ワーク㉜

保育相談支援の援助計画

　ナオちゃんの事例について，保護者支援の記録をつけてみよう。下記の書式に従って，ナオちゃんおよび家族についてのフェイスシートを作成し，問題をアセスメントし，援助計画を作成してみましょう。

保育所における保育相談支援の援助計画（書式例）

お子さん・保護者について　（作成日　平成　　年　　月　　日）				
名前	性別	生年月日	入園年月日	入園後からの担任の状況

保護者氏名	住所	家族構成（氏名・続柄・年齢・性別・職業）
	連絡先（自宅・携帯）	

ジェノグラム・エコマップ

虐待・ネグレクトの経過	関係機関等の情報

援助計画のためのアセスメント	
ナオちゃんの思い・状況のアセスメント	
日々の保育における配慮点	ナオちゃんの長所や性格（長所・短所）等
保育者・友だちとの関係	保護者・家族との関係
ナオちゃんの母親の思い・状況のアセスメント	
子どもの育ちへの願い	困っていること・悩んでいること・不安等
家庭での様子・配慮していること	園で配慮してほしいこと

ナオちゃんの支援内容と方法　（平成　　年　　月　　日　〜　平成　　年　　月　　日）				
子どもの名前 クラス　（　　　）歳児	所長 ㊞	主任 ㊞	担任 ㊞	記録者 ㊞

主訴（問題となっている課題）

支援目標（保育者の子ども・保護者への願いも含め，支援目標をたてる）

具体的な援助・手立て	支援による状況変化
ナオちゃんへの援助・手立て	ナオちゃんの支援による状況変化
ナオちゃんの母親への援助・手立て	ナオちゃんの母親の支援による状況変化

今後の関係機関との連携について

モニタリングについて

次回のモニタリングの予定　　平成　　　年　　　月　　　日

第4章◆保育相談支援の方法と技術

5. 地域資源の活用・連繋

（1）保育園と地域

ポストの数ほど保育園があるといわれ，保育園に通わず家庭で養育している地域の子どもや保護者が養育上の相談や悩みを気軽に相談できるようにと，保育園が地域の子育て支援センター的役割を担うべきといわれはじめたのはもう4半世紀も前のことです。現在では安倍内閣が提唱する「待機児童0作戦」のもとさまざまな民間保育所が雨後の竹の子のような勢いで作られていますが，地域とのかかわりはどのようになっているでしょうか。株式会社が作っている駅型保育所はこの4〜5年に急成長し，現在都内で200か所以上設立されたといわれています。

ある企業の駅型保育所では，園庭がなく，運動会は近くの小学校の校庭を借りて行っていますが，公立の保育園や幼稚園が優先的に使用し，希望するようには，借りることができないと園長先生がなげいていました。

その他にも保育園が地域の施設や協力を仰がなければならないことが沢山あります。

次の事例を考えながら地域資源の活用と連携を考えてみましょう。

（2）地域の子育て支援センター的役割

保育園ではその保育園がある地域の実情と，保育園の受入れ条件を考えあわせて，子育て支援の日を週に何日か開催しています。週に1日だけのところもあれば多いところは毎日のところもあります。地域で子育てしている親子を保育室の一部を提供してとか園庭だけ開放してとか保育園の園児と交流してなどといろいろな形で受け入れています。

保育所で働く保育士はその地域の親子を受け入れる担当者となることもあります。保育園でお預かりしているお子さんや保護者の保育相談支援のみならず，地域のお子さんや保護者の子育て相談に応じることができなければなりません。

ワーク㉟をやってみましょう。パンフレット作りですが，紙面いっぱいにあなたのアイデアで多くの地域の子どもと保護者が集まるよう工夫してつくって下さい。

（3）保育活動と地域資源

最初に，ワーク㉝をやってみましょう。

次頁のワーク㉝の2事例でみたように保育所で保育活動をする時，地域資源を活用した

109

り，連携していくことは大切です。その2つの事例では具体的に地域にどのような社会資源や人的資源があるか具体的に知っておく必要があります。

また，地域で子育てする保護者の悩み相談にも応じられるようにその地域の特色も知っていないといけません。それも保育士の保育相談支援の大切な内容です。

第4章◆保育相談支援の方法と技術

保育相談支援 ワーク㉝

地域資源の活用と連携

① 以下の事例について考え，グループで意見をまとめましょう。

《事例》あなたが務めている保育園では，地域にある社会資源を知るための取り組みをしています。昨年は，保育園全体で，地域にある公園散歩を10回ほど行い，徒歩圏内の公園すべてを回りました。秋の発表会では地域の公園の四季を絵に描いて展示したり，拾ってきた落ち葉を使って工作した作品を展示したり，年長さんは公園で地域の人と出会ったことを劇にして発表したりしました。今年は，「地域で働く人」をテーマに一年間取り組もうと思っています。あなたが，この取り組みの担当保育士だったら，どのようなことに注意して取り組みますか？具体的な年間行事を考え，具体的に取り組むときの注意点について順を追って考えをまとめてみましょう。

② 以下の事例について考え，グループで意見をまとめましょう。

《事例》5歳児年長組の夏以降の取り組みに，小学校への移行準備があります。ここの保育園では，そのため，秋の運動会を地域の小学校の校庭を借りて行っています。運動会本番を前に予行演習や下見と称して年長組の35人は年長担当の保育士と一緒に小学校を何回か訪問しています。今年は，授業参観をしたり，小学校で行われる秋の発表会にも参加する予定です。あなたが，年長組さんの担当保育士だったら，年長さんがスムーズに小学校に移行するために秋から卒園までどのようなことに注意して取り組みますか？

　順を追って考えをまとめてみましょう。

111

保育相談支援 ワーク㉞

保育所の地域子育て支援

　あなたの勤めている保育園で子育て支援を始めることにしました。毎週火曜と金曜日の 10：00〜11：30 までですが，園庭と 1 クラスの部屋を提供しようと思っています。そのことを地域の子育て家庭に知ってもらって参加してほしいと思います。その宣伝のためにパンフレットを作って，地域の家庭や公民館，その他地域の子育て支援サークルや役所・保健センターに配ろうと思います。あなたのアイデアのパンフレットを作りましょう。

保育相談支援　ワーク㉟

地域の特色と子育て支援

○ここは昭和 50 年代にできた人口 1 万 5000 人位の団地の保育園です。

設立当初はこの地域に 3 つの保育園と 2 つの幼稚園と 3 つの小学校そして 2 つの中学校がありました。現在では保育園は 3 つそのままありますが，幼稚園はなくなりました。そして小学校と中学校はおのおの 1 校ずつとなりました。この団地ができた頃と比べて高齢者の比率は高くなりましたが，共働きの若い夫婦世帯からの保育ニーズは高いです。

あなたは，保育園の地域行事を行いたいと思いますがこの地域の特色をふまえて，どんな配慮をしたら良いでしょうか？

○考えられる特色

○考えられる配慮

113

保育相談支援　ワーク㊱

地域の特色と子育て支援

あなたの住んでいる地域の特色と，地域の子育て支援の取組みについて調べてみましょう。

6. 保育者のスキルアップ

　社会では昨今，待機児童解消が話題になっていますが，保育所を増設するだけで問題は解決しないようです。深刻な保育士不足があるといわれています。なぜ保育士不足になるのでしょうか？　保育士養成校は，毎年沢山の保育士資格取得者を世に送り出しています。でも新卒保育士の就業年数3年から5年といわれています。3年から5年働くと通常の職場では中堅といわれ，新人教育や保護者支援の中核を担っています。しかし，その中堅といわれる人たちが辞めていくのです。なぜ，3年から5年働くと辞めてしまうのでしょうか。

　ひとつには，待遇の問題があげられます。昔から3K労働のひとつに数えられていました。「昨日，保育園おちた，日本死ね」というある母親のメッセージがブログに投稿されて以来，大反響を呼び，子育て中の母親が20万人署名を集め，安心して，子育てできる体制を求めて国会を訪れました。待遇の改善が本格的に議論されることになると思います。保育士は，待遇が改善されたら，働く期間が3年より延び，保育士不足が解消されるかもしれません。しかし，働く期間が延びることと，保育の質を確保することと問題をすりかえてはいけないと思います。保育士の就業年限が延長しても，保育士がスキルアップしていかなければ，保育環境としての保育士の役割が果たせません。そのためにはどのようなスキルアップの方法があるのかということを知り，自己研鑽だけでなく，チームとしての保育士集団の研鑽ができることが望ましいことです。

　ここでは，スキルアップの方法として事例検討（ケーススタディ），スーパービジョン，研修，コンサルテーション，記録，連携を紹介します。

(1) 事例検討（ケーススタディ）

　ケーススタディとは担当した事例について，関係職種の職員と事例を検討し，多面的な解釈や解決方法について研鑽することです。実際の事例を使って検討してみましょう。

　6人位のグループで話し合い，ケーススタディの大切さを体験しましょう。

　事例：尾高圭くん（11歳）は小学校入学と同時に，この愛光児童養護施設へ入所しました。小学校入学前就学健康診査で虐待が疑われ，児童相談所の相談員が関わる中，母親が「圭を育てられない」と意思を表明しての措置でした。

　この施設では，尾高圭くんが中学入学と同時に家庭に帰ることができるのではないかと検討を始めることになりました。ワーク㊲〜㊵をまず一人で考えてやった後，1グループ6人程度のグループで話し合い，グループとしての支援計画をたてましょう。

保育相談支援 ワーク㊲

ワーク①　尾高圭くん（11 歳）の事例

問い　尾高圭くんの事例を検討し，家庭復帰支援計画を作成するために最低限必要な情報は何
　　　でしょうか。あなたが知りたい情報を，どのような形で入手しますか？

最低限必要な情報は？	どこからその情報を入手しますか？
例①　尾高圭くんの家族構成	ケース記録から
例②　尾高圭くんは家に帰りたがっているか？	担当の保育士が日常生活場面で圭君の意思をききとる

保育相談支援 ワーク㊳

ワーク②　尾高圭くんの家庭復帰支援計画
得られた情報から分析・解釈する

問い　ワーク①から得られた情報から以下のできること（持てる力・可能性）とできないこと（支援が必要なこと）を分析して下さい。

	圭君	家族
できること		
できないこと		

③　②の分析から支援が必要なこと（ニーズ・課題）を見つけて下さい。

①

②

③

④

⑤

117

保育相談支援　ワーク㊴

ワーク③　尾高圭くんの家庭復帰支援計画
目標を作成する

問い　ワーク②のニーズ・課題を支援し，解決までの期間を長期・中期・短期に分けて目標を
　　　設定しました。（　）の中にあなたの考えた目標や，基本的な支援計画を記入して下さい
　　　（主語は圭君または家族）。

期間	目標	支援計画
○長期目標）：２年後（中学入学まで	家に帰って，家から中学に通う	
○中期目標：１年後（小学校６年生までに）	家に帰ることができるという自覚が，圭君にも家族にもある。	
○短期目標（中期目標を達成するための１か月ごとの達成目標）		
圭くんが小学校５年生の３月にスタッフの中で検討を開始する	圭君の今までの経過や現在の家族の情況をふまえて毎月１回の面会時父母兄弟のファミリーカウンセリング，面接をする。	
４月　５年生に進級	５年生に進級	
５月　母の日	おかあさんが大好きという気持ちが言える。	
６月　父の日	おとうさんにありがとうという気持ちが言える。	
７月　海の日	兄弟と一緒に遊ぶことが楽しいと言える。	
８月　夏休みキャンプ	家族が一緒にいることが心地良いと感じる。	
９月　敬老の日	（　　　　　　　　　　　　）	
10月　圭君の12才の誕生日	（　　　　　　　　　　　　）	
11月	（　　　　　　　　　　　　）	
12月　クリスマス	（　　　　　　　　　　　　）	
１月　お正月	（　　　　　　　　　　　　）	
２月	（　　　　　　　　　　　　）	
３月　春休み	（　　　　　　　　　　　　）	

第4章◆保育相談支援の方法と技術

保育相談支援　ワーク㊵

ワーク④　支援計画作成上の留意点

問い　ワーク③で長期・中期・短期に分けて目標を設定し，支援計画を作成しましたが，支援
　　　計画を作成するために必要な配慮や留意すべき点はどういうところですか？

⑥　支援計画を実践した結果を予測し，その評価を予測して下さい。

⑦　支援計画を実践した後「中学入学までに，圭くんは家に帰り，家から中学校に通う」こと
　　ができました。
　　　その後モニタリングはどのような視点が必要でしょうか。必要なモニタリングを計画し
　　てみましょう。

例：最初の一年間は1か月に1回家庭を訪問し，家族生活の様子，中学校生活の様子をモニ
　　タリングする。

119

資料	尾高圭くんのケース記録から

《家族》

祖父 72 歳，祖母 68 歳は近県にて農業を営む。

父 46 歳　長距離トラック運転手。

母 29 歳　中学卒業以来現在まで母方の祖母（49 歳）が経営するスナックの手伝い。

弟 9 歳　小学校 3 年生。野球チームでピッチャー。走ることが得意。

弟 7 歳　小学校 1 年生。少年サッカーチームに入っている。記憶力が良く，祖父母から可愛がられている。

妹 4 歳　保育園年中（圭君が施設入所後誕生），両親のご機嫌をとるのが上手。

《出産時》

体重　1698g

身長　45cm

妊娠 36 週目に出産。

《生育歴》

　　母が 17 歳の時に妊娠し，圭くんが生まれてから入籍したものの夫は長距離トラック運転手で，3 日から 1 週間程度家を空けることが多く，また，家に帰ると飲酒により泥酔し，記憶を失うなど精神的に不安定な時期が長かった。

　　圭君は未熟児で 1 か月間の保育器での保育が必要で，退院後も母はどのように扱ったらいいか，わからず保健師の家庭訪問の際にもネグレクトが疑われた。

　　しかし祖母も近くに住み，祖母の経営するスナックを母が手伝う時，圭くんも店につれて行くなど，圭君と母二人だけでなく周囲の人の手助けも期待できたため，様子経過観察となった。1 歳児健診，3 歳児健診時にも身長・体重・言語とも発育不足が指摘されていた。性格が内向的で，憶病なところがあるが知的に遅れはなかったため，経過観察となった。

　　圭君は，保育園にも幼稚園にも通わず，母と二人あるいは父や祖母など，身内の大人との接触はあるが，同年齢の子ども同士での接触は少なかった。

　　小学校入学前就学検診で，身体的虐待（あざややけど）が発見された。母は，夫の暴力や経済的不安，下に生まれた弟 2 人の面倒が大変なことや，育てにくさ，相性のわるさなどから，「圭君を育てる自信がない」と育児放棄を宣言したため自宅と同県にある本児童養護施設措置となった。

《性格》

　　おとなしく自己主張が少ない。幼さがあり気の合う同じようにおとなしかったり寡黙な同性の友達と，お人形あそびやおみせやさんごっこあそびなどをすることが好き。

　　気のある友達とは楽しそうに遊ぶが普段は目立たない。

（2）スーパービジョン（supervision）

1）スーパービジョンとは

『臨床心理学辞典』（八千代出版，1999）には，スーパービジョンとは，「カウンセラーが自分のカウンセリング，スキルの不十分な点に気づくために受ける面接のことをいう」とあります。また，「熟練した臨床家の指導監督を受けながら，すなわちスーパービジョンをうけながら，心理療法を行う。この場合指導監督をする者をスーパーバイザーという」と解説されています。指導監督をする者をスーパーバイザーと呼ぶ一方で実際に指導監督される者はスーパーバイジーと呼ばれます。

一方，わが国の社会福祉の対人援助専門職分野では，ソーシャルワークを実践している人に，監督指導，査察指導を行うこととされています。査察指導という言葉は生活保護を担当するケースワーカーが使う言葉ですが，公的な福祉機関における管理機能のひとつとされています。

福祉分野ではイギリスで発祥した慈善組織協会（community organization society ＝通称 COS）運動がアメリカに伝わった後，COS の活動を支えていたボランティアの友愛訪問員の教育や訓練や指導を COS の有給職員が行っていたことがスーパービジョンの萌芽であるといわれています。本格的に，その概念が確立し，定着したのは，専門的な訓練を受けた常勤の援助者への，スーパービジョンの効果が評価されはじめた頃であります。それは，アメリカの臨床心理の発達時期とほぼ一致しています。スーパービジョンは，ソーシャルワークの知識・技術をもつ人が，少ししかもたない人に対する訓練をする教育課程のことであり，熟練カウンセラーがカウンセリングスキルが不十分な者を指導監督することです。

心理の臨床分野や，福祉の臨床分野で対人援助を専門とする職業に就いている人にとって，先輩の経験と知識に裏づけされた指導を通して知識と実践と結びつけていく過程は重要です。現代社会では上記の分野に限らず看護・医療・保健分野やまた企業でも OJT（on the job training）が有効であると認められています。OJT は業務活動の中で，上司や先輩からの指導・助言を得て，職務遂行に必要なスキルの習得を目的に行われていますが，職場環境が大きく変わる中，上司や先輩のスキルレベルよりも，若い新人の部下の方がまさっている場合があります。たとえば，パソコンやスマホ等の情報機器の扱いについては上司が部下から教えてもらうこともあります。そういった現代では，職務スキルの教育・訓練よりも，目標の達成を管理するというような管理的側面・機能に重きが置かれているとい

われています。

しかし，対人援助職の場面では経験から得られる知恵を上司や先輩から教えてもらう，スーパービジョンは重要です。

対人援助職においては，①教育的側面・機能や，②支持的側面・機能，また近年では，③評価的側面・機能（スーパーバイジーの能力評価）などが，④管理的側面・機能と同等，あるいはそれより一層重視されています。これらの側面・機能をスーパービジョンは備えているのですが，日本語では「専門的助言」と訳されています。

さて，保育士はどのような場面でスーパービジョンが重要なのでしょうか。

新人職員が，就職した保育所で与えられた仕事を一人でやりとげることができるまでに，1年〜3年という期間が必要といわれています。

1年間という期間の中で4月，新入園児や，ひとつ上級のクラスに進級して新しい仲間を迎える子どもたちの生活のスタートに始まり，1年間の園行事や，子ども達の成長の姿に応じた生活支援を，経験します。

3年間という期間の間には，3歳児で入園した子どもたちが卒園するまでの間に送る生活や，成長の姿を観察し，その間の生活支援を経験することになります。そうした，一連の流れを体験した頃にはスーパーバイザーとなります。

それまでの間には保育士は新人と呼ばれ，初めての体験を繰り返し，先輩職員に何を学べばいいか，なにを質問したらいいかすらわからないで失敗を重ねる経験をするかもしれません。

職場としてOJTやスーパービジョンの制度があると良いのですが，なかなか制度として行えていない場合もあります。そんな時，新人である皆さんが保育相談支援の授業でスーパービジョンを学んだ皆さんは自らをスーパーバイジーと位置づけてみるといいと思います。先輩職員は皆さんのスーパーバイザーです。自分たちから積極的に先輩にスーパービジョンを受けていく姿勢があるといいと思います。

OJTやスーパービジョンの制度が職場にあり，その時間をとって，面接室や会議室で行う場合，構造化された（場面）スーパービジョンといいます。しかし，日常生活や就業中に，専門的助言なり教育的・指示的助言なりを得ることがあります。それを構造化に対して非構造化スーパービジョンと呼んでいます。

まさに新人保育士の皆さんが日常の保育場面で困った時，先輩にどうしたらいいかと聞く場面は非構造化スーパービジョンといえます。

2) 非構造化場面のスーパービジョン

〈事例1〉 あなたは，さくら保育園にこの4月から就職しました。3月中に研修をかねて，保育園でお手伝いをしていたので，保育園の生活の流れや，クラスの雰囲気や，園長先生や主任の指示の傾向には慣れていましたが，4月1日付けで2歳児11人のクラスを先輩A子保育士と2人担任でもつことがわかりました。2歳児クラスの担任になってショックだったのが，自分の目の前でさや子ちゃんがはるおくんの背中をガブリと噛んでしまったことです。すぐに二人を引き離して，はるおくんの背中にA子先輩は水で冷やしたタオルをあて，はずれないようにあなたにタオルをおさえているように指示して，冷蔵庫から氷を出し，ビニール袋に入れ持ってきてタオルの上から冷やしました。

あとから先輩は，2歳児ではまだ言葉で上手に相手に自分の意志を伝えられないので，つかみあいやかみつきがおこりやすいことをききました。そういえば大学の乳児保育の授業で聞いたことがあったなあと思いましたが，はるお君の背中の傷を見た時歯の形に血がにじんでいたこと，はるお君が大声で泣いていたことをあとから思いだすたびに，ひや汗が出てきました。

午睡時に子どもたちをねかしつけた後にA子先輩から，「今日は驚いたでしょう。大丈夫？　年度初めだったので2歳児の発達の特徴や2歳児クラスの生活の中で担任が注意することなどを十分伝えることができなくてごめんなさい。あなたのさっきの表情で，泣き出しそうだったのですごく驚いて，ショックだったんだろうなあと思ったの。」「こういうことは少くないのよ」と言葉をかけてくれました。さらに「はるおくんのおかあさんがお迎えにきたとき，私から説明しましょうね。説明しないと，家に帰っておかあさんがはるおくんの背中の歯形を見たらビックリしちゃうでしょう。2歳児は『かして』とか『順番につかおう』という言葉を獲得する前に欲しいものがあると，かんだりつねったりすることがあるの。担任も注意をしているけれどそれは突然だし，力加減がないから，力まかせだからね。しかも爪あとや歯形が残るから，保護者にも事前に説明したかったんだけれど，今度の保護者会で説明するつもりだったのよ。でもその前に起っちゃった。2歳児クラスも後半になると，皆，『貸して』とか『順番』とかいってうるさいくらいになるの。そうしたらつねったりとか，かみついたりがなくなるのよ。あなたも学校で2歳児の発達は学んだと思うけど見ると聞くとじゃ大ちがいの現実に目の前で遭遇し，体験するとビックリしちゃうわね。私も新人の時そうだったからわかるわ」とやさしく話をしてくれました。あなたは，そんな先輩の配慮をありがたいと思いますか？　それとも迷惑と思いますか？

次に２つのワークがあります。ひとつめのワークは，上記のＡ子先輩の事例をＡ子先輩がスーパービジョン記録に書いたものです。（　　）の中にあなたは事例をよく読んでこたえて下さい。２つめのワークはある事例についてあなたがスーパービジョン記録を書きます。

〈事例２〉　あなたは０歳児９人クラス３人担任のうちの１人です。他の２人は，あなたより若く，そのうちの１人は新人です。新人のＩ子さんはおむつのとりかえも，授乳も大変時間がかかります。４月も３週間をすぎるころ，大変落ちこんだ様子のＩ子さんに気づきました。子どもを抱くのにも，授乳も，オムツがえも，送り迎えの保護者と会話することにも自信がもてないといいます。先輩のあなたが，そんなＩ子さんに声をかけ非構造化場面スーパービジョンを行いました。その記録のつづきをあなたが記録者となって書きましょう。

　また，スーパービジョンはスーパーバイザー１人にスーパーバイジー１人がスーパービジョンを受けるという形式だけではありません。

　グループスーパービジョンと呼ばれ，スーパーバイザーが１人か２人で，スーパーバイジーが複数人のグループでなされることがあります。

　いくつかの保育園では，新人保育士さんを集めて毎週１回，１年間，園長や主任保育士が，園児の家庭事情や，子育てをめぐって，事例検討を行っているところを知っています。養成校を卒業し，保育士資格を取得して就職しても，現代社会の子育て事情や複数の問題をかかえる家庭の理解は不十分な点があるという理由です。まさに保育相談支援の授業を新人の１年間は受けることができるのですが，グループスーパービジョンという形式をとっています。

　またピア・スーパービジョンという形式があります。ピアとは仲間という意味です。仲間同士で，スーパービジョン（指導・監督）をするというような意味あいです。やはり知っているいくつかの保育園で保育士の自主研修として，事例を持ち寄り，月に１～２回のペースで事例検討会をしているところがあります。

　保育士がこういった自主研修を行う機会をもつと，職場の雰囲気が良くなります。また自然と，保育士間で補い合い，助け合うことができるようになります。困難事例を抱えている後輩保育士に自然と寄り添いなにかあったら手助けしてくれる先輩保育士がいるというのは，安心した職場環境といえます。

第4章◆保育相談支援の方法と技術

保育相談支援 ワーク㊶

非構造化場面のスーパービジョン①

日時	2018年4月X日（水）14：15～14：30	記録	佐川Ａ子
場所	さくら保育園２歳児午睡室		
	助言者：佐川Ａ子 スーパーバイジー：（あなたの名前を書いて下さい。）		
スーパーバイジーの特徴	今年３月から，就職が決まっているさくら園の研修として保育補助を２週間行っていた。明るく前向きな性格が当時から好感が持てた。４月１日の辞令で私と２歳児クラスの担任となった。午睡前にはるおくんが背中をかみつかれ手当てをしていた時，ショックを受けていた様子が伺えた。		
スーパービジョンの経過記録	Ａ子：「今日は驚いたでしょう。大丈夫？」 あなた：「大丈夫です。でもひや汗が出ました。」 Ａ子：「そうね。年度初めだったので，２歳児の発達の特徴や２歳児クラスの生活の中で担任が注意することなど十分伝えることができなくてごめんなさい。」 あなた：「（　　　　　　　　　　　　　　　　　　　　　　　　　　　　）」 Ａ子：「あなたのさっきの表情で，泣き出しそうだったので，すごくショックだったんだろうなあと思ったの。」 あなた：「（　　　　　　　　　　　　　　　　　　　　　　　　　　　　）」 Ａ子：「こういうことは少なくないのよ。」 あなた：「（　　　　　　　　　　　　　　　　　　　　　　　　　　　　）」 Ａ子：「はるおくんのおかあさんがお迎えにきたとき，私から説明しましょうね。」 あなた：「（　　　　　　　　　　　　　　　　　　　　　　　　　　　　）」 Ａ子：「説明しないと，家に帰っておかあさんがはるおくんの背中の歯形を見たらビックリしちゃうでしょう。」 あなた：「（　　　　　　　　　　　　　　　　　　　　　　　　　　　　）」 Ａ子：「２歳児は『かして』とか，『順番に使おう』という言葉を獲得する前に，欲しいものがあると，かんだりつねったりすることがあるの。」 あなた：「（　　　　　　　　　　　　　　　　　　　　　　　　　　　　）」 Ａ子：「担任も注意しているけれどそれは突然だし，力加減がないから，力まかせだからね。しかも爪あとや歯形が残るから，保護者にも事前に説明したかったんだけれど，今度の保護者会で説明するつもりだったのよ。でもその前に起こっちゃった。」 あなた：「（　　　　　　　　　　　　　　　　　　　　　　　　　　　　）		

125

	Ａ子：「２歳児クラスも後半になると，皆，『貸して』とか『順番』とか言ってうるさいくらいになるの。そうしたらつねったりとかかみついたりがなくなるのよ。あらかじめそういうことがわかっていたら，お互いさまだからと言ってくれる場合が多いの」 あなた：「（　　　　　　　　　　　　　　　　　　　　　　　　　　　　　　）」 Ａ子：「あなたも学校で２歳児の発達は学んだと思うけど見ると聞くとじゃ大ちがいの現実に目の前で遭遇し，体験するとビックリしちゃうわネ。」 あなた：「（　　　　　　　　　　　　　　　　　　　　　　　　　　　　　　）」 Ａ子：「私も新人の時そうだったからわかるわ」 あなた：「（　　　　　　　　　　　　　　　　　　　　　　　　　　　　　　）」 Ａ子：「あなたは驚くような出来事に出会いながら一つひとつその経験を保育のスキルにしていける前向きな明るさがあるわ。」
うまくいったところ	まだ新人で経験が浅く，本当にショックをうけた様子から声を掛けてみた。最初はおもいつめていたような表情だったが，最後には緊張がほどけた様子で，前向きな口調となった。あなたの緊張と頑張りを私が評価していることを伝えることができた。
うまくいかなかったところ	あなたに，もっと前に２歳児の発達と生活上の注意点について伝えておくべきだった。それを経験していた先輩として，反省している。あなたの気持ちをもっと丁寧に聴いてあげることも必要だった。
感想	２歳児クラスの担任の先輩として，伝えておきたいことは沢山ある。もっと新人担任へ関わっていく必要を感じた。私もふりかえると１年目はもう気分がいっぱいいっぱいでテンパッていたことを思い出していた。あなたにもっと配慮していくべきだった。また，お預りしている２歳児だけではなくいろいろな価値観や生活体験をもつ保護者がいるため，保護者への配慮も必要となる。そのことも伝えていくことが大切と感じた。

このワークをした感想を書いておきましょう。

第4章◆保育相談支援の方法と技術

保育相談支援 ワーク㊷

非構造化場面のスーパービジョン②

日時	2017年4月20日（木）13：30〜14：00	記録	あなたの名前
場所	植草保育園0歳児室		
	助言者：（あなたの名前） スーパーバイジー：古澤Ｉ子		
スーパーバイジーの特徴	（　　　　　　　　　　　　　　　　　　　　　　　　　　）		
スーパービジョンの経過記録	あなた：「Ｉ子さんとても暗い顔をしているけれどどうしたの？」 Ｉ子：「実はこのところ疲れていて。」 あなた：「そう，どうしたの？」 Ｉ子：「思いえがいていた以上に赤ちゃんは大変です。泣きやんでくれないし，オムツがえもさせてくれないし，おちちも飲んでくれません。」 あなた：「（　　　　　　　　　　　　　　　　　　　　　　　　　　）」 Ｉ子：「それに，記録を書くと，もうすぐ保護者がお迎えに来て，まだ記録を書きおわらないのにお迎えが来たときは，泣きそうでした。」 あなた：「（　　　　　　　　　　　　　　　　　　　　　　　　　　）」 Ｉ子：「先輩の真似して一所懸命やってたんですけど，もう疲れてしまって……。」 あなた：「（　　　　　　　　　　　　　　　　　　　　　　　　　　）」 Ｉ子：「そうですか？　皆そうだったんですか？　先輩ははじめからテキパキと仕事をしていたんだと思っていました。」 あなた：「（　　　　　　　　　　　　　　　　　　　　　　　　　　）」 Ｉ子：「記録をつけ終わらないときはどうしたらいいんですか？」 あなた：「（　　　　　　　　　　　　　　　　　　　　　　　　　　）」 Ｉ子：「先輩におねがいしてもいいんですか？」 あなた：「（　　　　　　　　　　　　　　　　　　　　　　　　　　）」 Ｉ子：「はい。一人でしなきゃと気を張っていました。それでもできなかったので。」 あなた：「（　　　　　　　　　　　　　　　　　　　　　　　　　　）」 Ｉ子：「そうなんですか？　こんな私でも少しは，良いところがあるんですね。」 あなた：「（　　　　　　　　　　　　　　　　　　　　　　　　　　）」 Ｉ子：「わかりました。先輩たちの足を引っぱらないように，でも子どもの成長にあわせて私も成長していきます。ありがとうございました。」		

うまくいっ たところ	（　　　　　　　　　　　　　　　　　　　　　　　　　　　　　　　　　）
うまくいか なかったと ころ	Ｉ子さんは先輩である私たちに何をきいたらいいのかすらわからなかった。そ れは一人で頑張ろうとする傾向と周囲の先輩と同じ仕事ができていないという 比較する心があったからだと思う。そんなに気負わせていた緊張は，ひきつづ きよく理解してあげないと簡単にほぐれないとおもった。
感想	Ｉ子さんは先輩である私たちに何をきいたらいいのかわからないということを 言ってくれた。どんなに疲れてつらかっただろうかと思う。今後３人のクラス 担任で話し合って仕事の分担を考えていきたいと思った。

このワークをした感想を書いておきましょう。

(3) 研　修

　保育者がスキルアップしていく方法に，研修があります。就職したところの職場内で行う新人研修や，3年目研修，リーダー研修などは，その就職した職場で必要な技術や知識，管理能力を習得したり共通理解しておいた方が良い情報について伝達されます（人権教育，等）。

　職場外で仕事に必要なスキルを学ぶために研修をうけることもあります。必要に応じてカウンセリングスキルの講座を受けたり，リトミックや絵画造形に関する講座，あるいは，近年の子どもの理解のために行われる講座などさまざまですが，保育士対象の講座は夏休みになど参加しやすい時期に集中する傾向にあります。

　都道府県市町村等の行政が主催するものや大学や研究所，専門分野のNPOなどが行う講座などさまざまですが，自分が今，どのような研修を受けることが第一優先かを考えて選びます。

　次のワーク中の事例は，ある行政が主催した保育士の研修です。あなたはこの事例を読んでどのようなことを感じますか？

　全国保育士会倫理綱領には，（専門職としての責務）として「8　私たちは，研修や自己研鑽を通して，常に自らの人間性と専門性の向上に努め，専門職としての責務を果たします。」とあります。

　倫理綱領は，保育士という専門職が大切にして守っていくことを，社会に約束するということで作られています。

　逆に倫理綱領があるということは，社会に対して，私たち専門職はこういうことを大切にしていくことを約束します，と明言しているものですから，この全国保育士会倫理綱領にも書かれている「専門職としての責務」として，研修や研鑽をするとは，約束を守ることになります。

　保育士が社会から専門職として認められる担保としてこの倫理綱領があり，保育士は倫理綱領を守らなければなりません。

保育相談支援 ワーク㊸

研修事例

　この研修は日頃保育士が感じている保育上の悩みや困難な場面について，どのようにしていったら良いか保育の質の向上のための研修です。

　この日 40 名近くの保育士たちが各園から研修に集まってきました。初対面の人も多く，自己紹介を兼ねたアイスブレーキングの後，5〜6 名のグループに分かれて，話し合いをすることになりました。テーマは「日頃感じている保育上の悩みや困難について」です。

　各グループで進行役が話し合いを進行しました。最後に各グループでどのようなことが話し合われたかの発表がありました。半数以上のグループでは，日頃の悩みや，保育上の困難について他の保育士の取組みや工夫をきいて，困難が解決できそうだという話がされたという発表があった中で，どうしたらいいか解決案が見いだせないと発表したグループがありました。そのグループでは，年長クラスの担任がなかなか園児がルールを守らない。小学校に入ったら守らなければならないルールがあるのに，どのようにしていったら年長児がルールを守れるようになるのか良い方法がみつからなくて困っている，という内容でした。

　その日の研修会の講師として県で指導を行っている保育指導者は，「具体的にどのような場面でしょうか？」と質問しました。「たとえば園庭で遊んでいる時『手を洗ってから部屋に入りましょう』と声をかけると手洗い場に並ばず我先に手を洗おうとするのでおしあいになって危ない。『並んで』『並んで順に洗うきまりを守りましょう』と大声で言ってもきかない。

　また，食事の前に手を洗うときまっているのにまもらなかったり，それだけでなく年長になるとうさぎやめだかの世話係とか，お花のお水係とか決まっているのにやらない。」というこたえが返ってきました。

　そのグループのメンバーは 5 人です。それぞれの園では同様の様子です。今回の出席者に講師は「同じ悩みを持っている人？」と挙手させました。3 分の 2 以上の保育士が手を挙げました。

① あなたのつとめている保育園で，同じように年長さんがルールを守らない状態があったとします。あなたはどうしますか？　良い解決方法やアイデアがあったら記述して下さい。

② 良い工夫がみつかりましたか？　クラスの他の人の意見もきいてみましょう。沢山の人の意見をきくことによって，自分一人で考えることとの違いがありましたか？　あったら次

第4章◆保育相談支援の方法と技術

にわかったことや感想を書いておきましょう。

さてこの研修で講師は，「このルールは誰の作ったルールですか？」と質問しました。そこで
さらにご自分が園長をされていた保育園での出来事を話されました。

ルールが全くない園だったそうです。年長クラスに乱暴をする男の子がいたそうです。自分
の思いを伝えられない時大声を出したり，近くにある物を投げたりしたそうです。同じ年長ク
ラスの子どもたちが一所懸命考えて，一人ひとりの子どもがどういう時に大声を出したか。近
くにあったものを投げつけたか。ということを話しに出していった時，その男の子は，そうい
う乱暴な行動をする前に，ジーっと見ていることがあるということがわかったそうです。ある
子どもは「自分が遊んでいる道具をかしてと言いたかったんだ」と気がつき他の子も「私が，お
かあさんごっこしていたとき見ていたからきっと一緒にあそびたかったのかもしれない」と話
しました。それから「何を見ているのか何をしたいのかきく，ということを皆でしよう」とい
うルールができたそうです。皆で決めたのでそのことは，大切に守られて，男児も大きな声を
出したり乱暴な行動をとることは少なくなったそうです。

その時会場から一人の保育士が手をあげて「先生，わかりました。私たちが決めたルールを
おしつけていたんですね。子どもたちはそのルールがなんで必要かわからないのでおしつけら
れていたんですね。年長になったら友達関係を調整する力が出てきますから，自分たちで考え
自分たちで快適な生活を作る力を信じて，もっと育てなくてはいけないということがわかりま
した」と発言しました。

③　あなたは，この事例を通して，研修の意義を感じましたか？　研修について感じたことを
　　書きましょう。

131

(4) コンサルテーション (consultation)

コンサルテーションとは，情報提供と助言の総称という人もいます。『臨床心理学辞典』（八千代出版，1999）では「人間関係の1つで，互いに分野の違う専門性を有し，互いに情報を共有するために，関係を結び，互いに強制されることなく自由に情報を伝えあうことができる環境を作り，互いに情報を交換しあうこと。指導的であったり助言的であることもある。スーパービジョンもコンサルテーションワークの1つである」と説明されています。

スーパービジョンはどちらかというと同職種間での専門的助言ですがコンサルテーションは，異職種間の専門的助言といってもいいと思います。またスーパービジョンの監督・指導や，管理的側面は，命令に近いですが，コンサルテーションでは，コンサルテーションをうける方もする方も同等だったり，コンサルテーションをうけても，その通りにするしないかはうける側の判断によるという場合が多いようです。

116ページの尾高圭くんの事例をつかい，コンサルテーション場面を体験します。

次の4つのロールプレイ事例をワーク㊹に従って，やってみましょう。

〈尾高圭くん　家庭復帰支援のロールプレイ事例〉

1. 施設職員会議のロールプレイ：116ページの各チームでたてた支援計画をもちより施設としての支援計画を決定します。決定するまでの流れのうち，ある1場面を10分程度にまとめて台本を作ります。各チームの計画を持ち寄った人の役割を決めます。それぞれのセリフを考えます。

2. 担当職員と尾高家の家族との話し合い場面のロールプレイ

   （圭君本人が入っても入らなくてもよい）：

   「最初に家庭復帰を提案する場面」，「父親にアルコールミーティングを勧める場面」，「家族関係を改善するためのセラピー場面」など場面は自由に設定してよい。役割を決め，その場面の話し合いの台本を作ります。10分程度にまとめます。

3. 担当職員と地域関係者との打ち合わせロールプレイ：

   尾高圭くんの家族が住んでいる地域の関係者（尾高圭君が家庭に帰るとしたら連絡を取り合っていなければと思われる関係者）へ尾高圭くんが家庭に帰るために必要な話しあいと情報共有のための打ち合わせ会議を行います。打ち合わせには，どのような地域関係者を呼べばいいか考える。役割を決め，セリフを考え，10分程度に台本をまとめる。

4. 中間カンファレンス：支援計画に従って1年間支援した後（圭くんが6年生になる時）に

行う会議。今後はじめの計画通りに支援してよいか修正が必要か，モニタリングを行う。会議参加者は自由に決めて良い（圭くん家族を入れても入れなくてもよい）。会議参加者の役割を決め，セリフを考え，台本を作る。

保育相談支援　ワーク㊹

コンサルテーション・
尾高圭君家庭復帰支援計画

① チームに分かれて劇仕立ての台本を作り演じます。

② ４つのチームに分かれて，各チームは次の１～４のコンサルテーション場面を１つずつ担当し，話しあって各々の場面にふさわしい台本をつくります。

③ その際に，グループメンバーが全員セリフを言える台本を作ってください。

④ グループメンバーが１人ずつどういう役割なのかわかるようにネームプレートを作り首にかけます。

⑤ 台本は10分程度で演じられるようにします。

⑥ 台本ができあがったら練習をしながら仕上げます。

⑦ 各チームとも⑥までできたら１チームずつ演じます。

⑧ 演じた後，観察者からの質問に答えます。

⑨ 最後に演じてみてわかったこと，演じて感じたことを１人ずつ発表します。

⑩ ⑧と⑨をシェアリングといいます。シェアリングは10分程度とします。

☆あなたはコンサルテーション場面の台本つくりや，実際演じてみて，何かわかったこと，感じたことはありましたか？　それを下欄に記述して下さい。

☆コンサルテーションについてわかったことを記述して下さい。

（5）記　　録

　記録をつけ続けることは，一つひとつの出来事を連続して観察することでもあります。

　保育園で，毎日保護者と連絡し合うための連絡帳を記入しますが，1人の子どもの成長記録でもあります。今日の体調や食事の量，今日の出来事，子どもの反応など，健康面や必要事項を毎日毎日記述しておくと，その記録をあとから読みかえした時にいろいろなことが，わかるということがあります。筆者の長男も2歳の時，新しい保育園へ移ったことがあります。

　半年位経ったある日の保育士さんからの記述では，

　今日T君は保育園のトイレで排便しました。これでやっと保育園に慣れたと思います。

とありました。その後思春期に，いろいろな困難に出会いました。その頃にその記録を読みかえしてみると，息子は保育園の頃から繊細な一面があったのだと，納得することができました。

　また，

　T君はお散歩の途中，道端に咲くひめじょおんの花のところでしゃがんで見ていました。そして「目だま焼きのお花‼」と，言ってました。

　その頃，毎朝のように目玉焼きの朝食だったと記憶していますが，その記録を見た時，保育園の生活の様子がわかり，息子なりに五感を使って成長していると感じ，嬉しかったことを思い出します。

　記録には，その他にも，個人記録表や，日案記録のように公的に記録するもの，日記のように私的に記録するもの等ありますが，あとで読みかえすことがあるので，読みかえしたときにわかるように記述する必要があります。記録した日・時，場所，天候まで必要な場合があります。記録した人が誰であるかも記します。また，公的な記録は，誰がみてもわかるように，主語・述語がきちんと書かれている必要があります。誰が主語なのかを明確にします。

　ある作業所（就労支援移行事業所）で働く利用者から，「自分が希望する公園で清掃をしたいのにさせてもらえない」という苦情が寄せられたことがあります。その利用者の個別支

援計画を見せてもらったところ，短期目標に「決められた作業をきちんと行う」。長期目標には「人の話を素直に聞く」と書かれていました。この短期目標と長期目標では，利用者本人が，短期：「私は，決められた作業をきちんと行います。」，長期：「私は，人の話を素直に聞きます」と，いったとは解釈できませんでした。むしろ支援職員が，主語で，短期：「私は，決められ作業をきちんと行える人になってほしい」，長期：「私は人の話を素直に聞く人になってほしい」と読みとれました。

　本当に「人の話を素直に聞く」という目標を本人がもっているんだろうか？　と感じませんか？　むしろ「自分が，気持ちよく働いたり，自分の希望する公園で清掃して，人の話を素直に聞けるように整備された環境で私は気持ちよく働きたい」というほうが利用者の目標ではないでしょうか？

　これは，個別支援計画で長期目標や短期目標の主語は利用者本人であるのに，支援計画をたてる職員の目標になってしまったというまちがえをおかした事例でしたが，目標の主語がちがえば支援の方法もまちがえてしまいます。

　第三者が見たので，そのまちがいに気づくことができました。記録は家族や第三者も見ます。検証するのには重要な資料となります。

　また作業日誌などが正確に記録されていたことで，記録者が利用者を怪我させたと罪に問われた時，その記録から，その時間に利用者と接触していないことが判明して冤罪からまぬがれたということもあります。逆に，医療現場で医療ミスをかくすために，カルテを改ざんした例もあります。それはあってはならないことです。

　記録は裁判でも証拠となるものです。正しくうそは書かないということが前提です。

・誰が読んでもわかる文章を心がけましょう。

・また誰が主語なのかわかるように記述しましょう。

・一文に一主語一述語となるようにしましょう。

記　録

次の文章を，（例）のように正しく誰が読んでもわかる記述にして下さい。

（例）

> 朝からけんかをして，やつあたりで，年長さんの部屋の引き戸をけとばしたので，倒れた。ガラスがとび散り皆集ってきたので，K君とJ君の二人をしかった。

> 　K君とJ君が登園して間もなく，園庭にある三輪車をとりあいけんかになった。K君が三輪車をひとりじめしたせいでJ君は，年長の部屋に入ってくるなり入口のひき戸をけとばした。その瞬間ひき戸ははずれて倒れてしまった。
> 　倒れた時ひき戸にはまっていたガラスが割れて周囲にとび散った。その時登園していた子ども10人位が集まってきたが，ガラスの破片がどこまで飛び散っているかわからなかったので，副担任のE子さんに子どもたちをつれて園庭に出てもらった。
> 　ガラスの後片付けが終わって，J君に話をきいた。K君にも，三輪車を使う順番を決めるように言った。

① 実習日誌の一部分です。あなたはどこか書き直した方が良いと感じるところがありましたか？あったら書き直してみましょう。

> 午前中：自由活動
> 昼食後：乾布摩擦後，パジャマに着替えて午睡
> 　　　　記録を書く。
> 3時：おやつ
> 4時：園庭に出て遊ぶ。
> 今日は一日子どもの活動を観察した。なにも問題はなく楽しい一日だった。明日も頑張ります。

② 連絡帳に書かれた文章の一部分です。ここを修正したらもっと良くなると思う部分はありますか？　あったら書き直してみましょう。

10月11日（木）晴れ　記録者　山川
○食事　全量食べました。
○おやつ　全量食べました。
○排便　ありませんでした。
○ひろみちゃんは，午前中のお散歩の時，なな子ちゃんと手をつなぎました。ななこちゃんがつまづいてころんだ時，ひろみちゃんもころんでしまいました。二人とも怪我をして，ひろみちゃんは，鼻の頭をすりむいています。園に帰って手当てをしたので心配ありません。

⇓

③ 誰でもわかる記述をするにはどういう工夫が必要ですか？

（6）連携（リエゾン liaison）

　連絡・連携のことを英語ではリエゾンといいます。コンサルテーション・リエゾン精神医学という用語がありますが，他の診療科と協力して，患者の診療を行う精神科領域のことをいいます。

　心身症ではとくにこのリエゾン精神医学が求められるといいます。人間の身体に症状が出る，たとえば胃かいようであるとき，胃かいようという身体症状を治療することに専念しても治ってはすぐに，症状がぶり返すことがあります。そういう人の中には身体症状の治療とともに，精神医学的診断と治療を必要とする場合もあります。そのような場合精神科医は内科医や外科医と協力して診療を行います。コンサルテーションとは，相談・助言という意味ですがコンサルテーション・リエゾン精神医学を行う場合，単に他の診療科と連携して，相談助言を得るという意味だけでなく，どの領域の専門家と協力するかなどの判断において，幅広い見識が求められます。

　ソーシャル・サポート・ネットワークという言葉が，福祉分野であるソーシャルワークや，介護の分野で使われています。直訳すると，社会的支援網ということになります。たとえば，介護サービスを必要とする高齢者が地域で生活をしている時，その高齢者の生活に必要な手段や，サービスのネットワーク化をはかっていくという意味です。これも連携です。

〈介護場面でのソーシャル・サポート・ネットワークの事例〉
　石井五郎さん96歳は5年前脳梗塞を発症し，右片麻痺で発症が安定したので半年間病院と，老人保健施設でリハビリ訓練をうけたあと，自宅に戻りました。要介護2でした。自宅では92歳の妻が，軽度認知症のため，要介護1でヘルパーさんを週3日頼んでなんとか一人で生活していました。五郎さんが自宅に戻る時，介護用ベットを貸りたり，必要な手すりをつけるなどの工事が入ったり，五郎さんが通うデイサービスを決めるなどの準備をしましたが，それらのことは，近くに住む娘（69歳）と孫（40歳）がすべて手続きをしてくれました。またケアマネージャーさんが中心になって，ヘルパーステーションのサービス提供責任者，保健師さん，デイサービスの主任，福祉用具の会社の人，家族が集まって，今後の話し合いを行いました。その中で，五郎さんがいつも行っていた床屋さんや呉会所（囲呉仲間があつまるところ）昔なじみのお茶屋さん，お米屋さんに協力してもらって，病気前のなじみの生活ができるように，散歩の時に声掛けをしてもらえるといいねという話が出ました。娘と孫とケアマネージャーさんが一緒に五郎さんの住まいの近くの人のネットワークを作るようにあいさつに回りました。

上記の事例のように，地域の子育てにおいても孤立した子育てをしている20代の母親を地域の人や保育園や児童主任委員などとネットワークを組みサポート体制がとれるようになると子育て不安は軽減しそうです。今後ますます，専門職同士の連携や，他職種の人たちの連携や，地域の人やサービスの連携が必要となっていきます。連携の支援もできる保育士になっていただきたいと思います。

第 4 章◆保育相談支援の方法と技術

保育相談支援 ワーク㊻

連　携

　尾高圭くん家庭復帰支援計画で，4 つのコンサルテーション，場面を演じ，演じた結果わかったことをシェアリングしました。その演習を通して他の専門職と連携していくために必要だとあなたが感じたことをまとめて記述して下さい。

◇ 終章 ◇

求められる保育士像

1. 保育相談支援と保育士像

　皆さんは，この「保育相談支援」や「相談援助」という授業を受けた後に描いた，保育士像は，自分がそれまでイメージしていた理想の保育士像と，同じでしたか？　それとも違っていましたか？

　皆さんが保育士になるための勉強を始める前と，これらの授業を受けてから後の保育士像と，全く同じイメージだということは，ないと思います。

　自分が保育園に通っていた頃の保育士さんや幼稚園時代の担任の先生にもっていたイメージは，あたたかく包擁力があり一緒に遊んでくれた，あかるい先生。何でもうけいれてくれて一緒に歌ったり，笑ったりゲームをしたり絵本を読んでくれた，大好きな先生。卒園式の時にはもう会えなくなると思うと涙が出てしまった。そんな思い出もあるかもしれません。

　ピアノが上手で，かけっこが速くて，困ったことがあると話をきいてくれた先生，そういう保育士や幼稚園の先生にあこがれて，保育士の道をめざされたのかもしれません。

　どうでしたか？　みなさんのあこがれた保育士像と，この「保育相談支援」や「相談援助」を学んで相像する保育士像と同じだったでしょうか，違ったでしょうか？

　違ったとしたら理由のひとつは，なりたい保育士像と社会から求められている保育士像の間に差異があったからなのかもしれません。

　保育士の仕事は子どもの健全な保育という表に見える側面だけでなく，保護者の悩みに寄り添い，耳を傾け，保護者とともに子育て環境をより良いものにしていく役割りがあります。また，さらには地域の他の専門機関や地域の人びとと協力して，子どもが育つ環境を整えていくという目に見えないところでより多くの役割が期待されています。

　それが理解できたとしたら，この「保育相談支援」を学ぶひとつの目的を果たせたこと

143

保育相談支援 ワーク㊼

求められる保育士像

① あなたが今までに持っている理想の保育士はどういう人でしたか？
　　下に記述して下さい。

② 「相談援助」や「保育相談支援」を学んでみえてきた，社会に求められる保育士の要素をあげなさい。

③ 求められる保育士になるため今後どの様な学びや研鑽が必要と考えますか？　それを下に記述して下さい。

になります。そして新たに描くことのできた保育士像にむかって自己研鑽を重ねていきましょう。

　ある保育園の運営会議に筆者は参加したことがあります。運営会議というのは，保育園を運営している運営主体者や園長，そして保護者の代表，学識経験者などが年に2回ほど，保育園の年間行事のあり方や，園と保護者の協力について，あるいは要望・苦情などの意見を交換して，園の運営に資するために開催される会議のことです。

　筆者が参加した時の感想ですが，筆者が保育園に子どもを預けて子育てしていた時代と，保育の様子が大きく変化していると感じました。

　筆者は，都内のS区に住んでいました。筆者の子育て当時は，S区の保育方法は，日本全国に知られていて，「S区方式」という言葉で語られた時代です。筆者が子どもを預けていた保育園は，運動会や，その他の保育園の年間行事では，父親が準備段階から携わり，大きな道具を運んだり，保育士と協力して，黒子として活躍する場面がありました。

　行事が終った後のご苦労さん会では父親同士うちとけて，仲良くなり，育児の悩み，会社の苦労を語り合い良いところを学びあっていました。また，保育行政に，保育の質の向上を求めて運動したり，父親がともに育ち合いをしていた時代でした。

　しかし，S区だけでなく，現在では，保護者が，協力して，子育てを行い，親として育ち合う機会が少なくなっていると思います。

　昔がよかったとか今はどうだろうということを言いたいのではありません。現代には現代の社会から求められるニーズがあります。

　保育士として子どもの保育だけでなく，子どもが育つ環境としての親育ちを考える時の一考として下さい。

2. 資格取得時の到達目標

　2016年2月17日，NHKの番組で，保育事故についての話題が取り上げられていました。番組に登場した，事例のひとつめは，ある認可外保育園に子どもを預けていた保護者の話でした。

　預けた当時，6〜7か月児だったわが子を迎えに行くと，わが子の反応がにぶく，目もうつろで，表情もなかったといいます。家に帰ってしばらくするといつものような豊かな表情と活発さがもどってきたそうです。また，給食メニューが「チキンライスと漬物」とか，簡単なメニューだったことなどに不安を覚え，保育園にアポイントをとらず訪ねてみ

保育相談支援　ワーク❹

保育園における保育士と保護者

① あなたの考えている保育士と保護者のあり方はどういうものでしょうか。
　　考えたことを記述しましょう。

② 他のメンバーの考えもききましょう。

ると，昼寝をしないで泣いている子に保育士が「うるさい！」と，怒鳴って，胸のところを押さえて布団に寝かしつけているという光景を見て驚いてしまったと。幸い，認可保育園に空きが出て，そちらに移ることができたが，それまでに知りえた状況を行政に訴えたというものでした。

その番組が取り上げた2つめの事例は，やっと歩きはじめて，片言の言葉が出てきたわが子が保育園で急変し，不幸にも亡くなってしまったという事例でした。

これらの事例の中で浮きぼりになったのは，保育士の質の問題でした。保育士の資格を取得するために学ぶこと，保育士の資格を取得するために養成校を卒業する時までに学ばなければならないことだけでは，保育現場が求める即戦力（社会が保育士に求める力）には，到達していないということです。

保育の技術にしても，たとえば卒業してすぐに0歳児を担当する保育士になったら，手早いオムツ交換や授乳技術が必要です。しかし，学校で，オムツ交換の方法や，授乳についての知識は学んだものの，専門家としてのスキルを身につけているわけではないということです。

卒業してまもない保育士が，現場で求められる保育スキルを身につけるまでには時間がかかります。しかも現場で，先輩のやり方を見たり，先輩にやり方を教えてもらいながら，実践して身につけていくことになります。

保育現場で適切に指導できる先輩保育士がみつからない場合，若い保育士は，子どもに「うるさい‼」といわざるをえないくらい，未熟なスキルのまま，保育をするということになります。ベテラン保育士なら難なくこなせる仕事でもです。

そういった時，身近にモデルとなる先輩保育士がいるといいのですが，前にも述べたように，保育士が長く働けない環境で，先輩保育士が少ない状況です。自己研修や，新しい技術や情報が得られるところを知っていることも重要です。資格を取得した時が最終到達目標ではない，ということです。卒業して，保育士として働きはじめてから理想の保育士に到達するための研さんがはじまるということです。

3．資格の重みと保育士の保育観・子ども観

とはいえ，保育士という資格をもっている人は，ベテランであろうと，初心者であろうと，保育士であることにかわりはありません。保育士資格という信用があり，子どもや障がいをもっている人のお世話をすることができるのです。

| 保育相談支援 | ワーク㊾ |

資格取得後の研鑽

　あなたの理想とする保育士になるために知識を得たり研修をできるところを知っていますか？
調べて下欄にまとめてみましょう。

終章◆求められる保育士像

　自らの未熟さを知り，それを補うための日々の研鑽があって，保育士の仕事ができるのだと思います。自らの未熟さを知るということは，また，自らの力だけではできないと判断した時に連絡，調整していくことにつながります。すべてを一人で行うことができる保育士は素晴らしいですが，できないことを知っていて，できるように工夫したり，できる人に依頼しゆだねることのできる保育士であることを私は専門職として必要なことと考えています。一人で抱えない。専門機関へつなげることができる，という保育観も必要ではないでしょうか。

　保育士が子どもを保育する時，保育士は子どものありのままの姿を見ているでしょうか？

　保育士のイメージする子ども像があると，知らず知らずそのイメージと目の前の子どもと比較してしまわないでしょうか？　「どうしてあなたはできないの？」とか「どうしてあなたはいつまで泣いているの？」と思った時，できる子ども，泣かない子どもがあなたの理想の子どもとしてイメージされていないでしょうか。できない子どもを，どうしてできないのかな？　泣いている子どもを，どうして泣いているのかな？　と，できない原因，泣いている原因をさがすことをしているでしょうか？

　保育士は，一人ひとりの子どもは一人ひとり違っていて，個性を発揮して，成長していくのだと，頭でわかっていても，自分の経験や，理想の子どもという自分の枠でみてしまうときがあります。その枠を柔軟に取り払うことができるでしょうか。そういう意味で，保育士の自己覚知は大切です。

　さて，オーストラリアや北欧の多くの国は小学校は，入学１年前にはプレスクールがあり，０歳からは幼稚園として，日本の保育所と同じような保育をしています。

　また筆者は，スウェーデン，デンマークの北欧やオーストラリアの保育現場を視察したことがあります。「オーストラリアの幼稚園では保育士の仕事は，記録といわれています」と説明をうけたことがあります。保育士は子どもが，遊べる環境を整え，子どもたちは思い思いの場所で思い思いの遊びを展開しています。そういったことは日本で自由保育といわれる方法に似ています。

　一斉に絵本の読みきかせをきくということはありますが，保育士や先生が，一斉に，子どもに指示して「絵をかきましょう」とか「外に出て砂場で遊びましょう」ということはほとんどまれです。保育士の主な仕事は，保育環境を作ることです。

　保育士は保育環境（子どもが自由に好きなあそびで遊べる環境）を作って子どもが一日何をしたか記録をつくります。オーストラリアでは写真を撮って，保護者がお迎えの時，今日一

149

保育相談支援 ワーク㊿

資格の重みと保育士の保育観・子ども観

① あなたの保育観をまとめて記述しましょう。

② あなたの児童観をまとめて記述しましょう。

③ クラスの皆と意見交換してその感想を記述しましょう。

保育相談支援 ワーク(51)

保育士の専門性

① 諸外国の保育の現場を知っている人の話をきいて，自分たちの保育観・子ども観と同じ点，ちがう点をまとめてみましょう。

1）同じところ

2）ちがうところ

日子どもがどのような活動をしたか，文字と映像で見ることができます。

　保育士は記録をとって終わりではありません。記録をして，その保育記録から子どもの成長に資することを見つけ出し，それをまた積極的に保育環境作りに役立てていきます。

　スウェーデンの保育園では，年輩の保育者が退職したあとも，非常勤待遇ではありますが，保育補助の仕事をしていました。その人たちは少人数の子どもに絵本を読んであげたり，寝そべっている子どもの背中をなでたり，スキンシップをとったりということをゆったりとした時間の中で行っていました。そういうことが子どもの保育環境として大切であるということを記録から導き出していました。

　北欧でもオーストラリアでも，国で決めた保育指針があります。保育士は子どもの発達やその保育指針を学び資格を得ています。しかし，保育指針が到達目標ではなく，子どもの発達や成長過程に，必要な保育環境を守り提供することを心がけています。そういった環境の中で子ども自身の中にある“育つ力”が十分に芽ばえ育っていくようです。

　北欧やオーストラリアで筆者が観察した北欧やオーストラリアでの保育観，子ども観と皆さんの保育観・子ども観と比べてどうでしたか？　どこが違っていましたか？

　人生の先輩の体験から出た言葉や英智を必要とする時がくると思います。自分のなりたい保育士から，社会の求める保育士に大きく成長し，はばたいてほしいと思います。

巻末資料

【保育の個別計画書】

ふりがな 氏　名		年　　月　　日生 歳　　か月		男・女	記入者

		年月日	子どもの姿	保護者・子どもの意向 （思い，ニーズ，願い）	総合的な支援の方針（視点とかかわり） ＊長期的な目標，短期的な目標の視点等を含む
養護	生命の保持・情緒の安定	食事 排泄 睡眠 保健 着脱 機嫌			
教育		健康 人間関係 環境 言葉 表現			

（具体的支援内容）

記録日 記録者	背景とニーズ	支援内容（視点とかかわり）	評価日 記録者	評価

（具体化されなかったニーズ）

記録日 記録者	ニーズ	ニーズについての現状	具体化されなかった理由もしくは解決法

おたよりの事例1

クラスだより　〈0歳児クラス〉

子どもは大人の温かさに愛情をたくさん感じます。
たくさんスキンシップをとって遊びを楽しんでくださいね。

電車ごっこ
お座りできるようになったらおひざに乗せてガタンゴトン電車ごっこをしましょう。前を向いて乗せるとドライブに変身！

ゆらゆらゆりかご
赤ちゃんを抱いてゆらゆらゆりかごごっこです。目を見つめて温かな気持ちを楽しみましょう。

体操ごっこ
赤ちゃんの手や足を、まげたり伸ばしたりして体操を楽しみましょう。身体を動かして気持ち良くなるはずです。

ほかにもたくさん紹介したいあそびがあります。
クラスだよりやお迎のときなどにたくさんお伝えしていきますね。

おたよりの事例2

2歳児クラス

親子が触れ合う遊び

～手遊び～

『1本橋』

① お子さんの手を取ります。

② 歌を歌いながら手に歌詞通りにやります。

♪1本橋こちょこちょ　　たたいて つねって
　　　（優しく）

♪階段登って　　♪こちょこちょこちょ
（腕を登っていく）　（お子さんに優しく
　　こちょこちょしてください。）

というように手遊びを使ってお子さんと触れ合ってみてください。これ以外の手遊びもあるので知りたい方は気軽に言ってください😊
オリジナルで作ってみてもいいと思います。

お子さんと触れ合う時に必要な事
1. お子さんの気持ちに寄りそう
2. 押しつけをしない
3. 静止をかけない

危険な事をしそうな事もありますがお父さん・お母さんが目を離さなきゃ大丈夫ですので、出来る限り止めないでやりたい事をやらせましょう☆
世界が広がり、何にでも挑戦します。自尊心を育てましょう。

お子さんの見ててねに対し、ちゃんと見てるよとこたえるのが大事です♪
新しい事を始めているのを見た時は「やってみる？」などプラスの言葉をかけてあげましょう。

お子さんにはたくさんの可能性がありますのでこれからも一緒に見守っていきましょう☆

おたよりの事例3

家庭で親子が触れあう遊び方♡

0歳児…家では、子どもをだっこしながら、話しかけてください
その時に、目をみて、優しく話しかける

1歳児…子どもが好きなおもちゃなど、子どもと一緒に遊んで
みてください。

2歳児…だいぶ手など器用になってきているので、ボールを
転がして遊んだりしてみて触れあってみてください

3歳児…会話などだいぶできてくるので、外で元気いっぱいに、
かけっこや、三輪車など、コミュニケーション力がたくさんできる
遊びをしてみてください

4歳児…友達などと楽しく遊ぶ事ができる年齢です。
なので、体をたくさん使って遊べる事を、親子で
やってみてください

5歳児…きちんとルールを決めて遊ぶ事ができる年齢なので、
おにごっこ、ドッヂボールなど、会話がはずむ遊び
をしてみてください。

6歳児…年長さんになると、色々な遊びやルールをお覚えて
きます。なので、子どもがやりたい遊びを親子で
オリジナルルールなどを作って、触れあってみてください。

最後に…私が思う事について、お便りを書きました。うまくいかなくても
1日1回以上は、子どもと触れあうだけでいいので、
今日のできごとなど、きいてあげてみてください。子どもが
話してる時は、きちんときいてあげてみてください。

おたよりの事例4

全国保育士会倫理綱領

　すべての子どもは，豊かな愛情のなかで心身ともに健やかに育てられ，自ら伸びていく無限の可能性を持っています。

　私たちは，子どもが現在（いま）を幸せに生活し，未来（あす）を生きる力を育てる保育の仕事に誇りと責任をもって，自らの人間性と専門性の向上に努め，一人ひとりの子どもを心から尊重し，次のことを行います。

　私たちは，子どもの育ちを支えます。

　私たちは，保護者の子育てを支えます。

　私たちは，子どもと子育てにやさしい社会をつくります。

（子どもの最善の利益の尊重）

1．私たちは，一人ひとりの子どもの最善の利益を第一に考え，保育を通してその福祉を積極的に増進するよう努めます。

（子どもの発達保障）

2．私たちは，養護と教育が一体となった保育を通して，一人ひとりの子どもが心身ともに健康，安全で情緒の安定した生活ができる環境を用意し，生きる喜びと力を育むことを基本として，その健やかな育ちを支えます。

（保護者との協力）

3．私たちは，子どもと保護者のおかれた状況や意向を受けとめ，保護者とより良い協力関係を築きながら，子どもの育ちや子育てを支えます。

（プライバシーの保護）

4．私たちは，一人ひとりのプライバシーを保護するため，保育を通して知り得た個人の情報や秘密を守ります。

（チームワークと自己評価）

5．私たちは，職場におけるチームワークや，関係する他の専門機関との連携を大切にします。

　また，自らの行う保育について，常に子どもの視点に立って自己評価を行い，保育の質の向上を図ります。

（利用者の代弁）

6．私たちは，日々の保育や子育て支援の活動を通して子どものニーズを受けとめ，子どもの立場に立ってそれを代弁します。

　また，子育てをしているすべての保護者のニーズを受けとめ，それを代弁していくことも重要な役割と考え，行動します。

（地域の子育て支援）

7．私たちは，地域の人々や関係機関とともに子育てを支援し，そのネットワークにより，地域で子どもを育てる環境づくりに努めます。

（専門職としての責務）

8．私たちは，研修や自己研鑽を通して，常に自らの人間性と専門性の向上に努め，専門職としての責務を果たします。

社会福祉法人　全国社会福祉協議会

全国保育協議会

全国保育士会

参考文献

第1章

厚生労働省『保育所保育指針解説書』フレーベル館，2008年

第2章

厚生労働省『保育所保育指針解説書』フレーベル館，2008年

湯澤直美，中西新太郎，浅井春夫他編『子どもの貧困白書』明石書店，2009年

内閣府『平成26年版 子ども・若者白書』2014年

阿部彩『子どもの貧困―日本の不公平を考える』岩波新書，2008年

阿部彩『子どもの貧困Ⅱ―解決策を考える』岩波新書，2014年

文部科学省「通常の学級に在籍する発達障害の可能性のある特別な教育的支援を必要とする児童生徒に関する調査結果について」2012年（http://www.mext.go.jp/a_menu/shotou/tokubetu/material/1328729.html 2014.6.8参照）

田村光子，根本曜子「インクルーシブ保育を受ける保護者の意見」『植草学園短期大学紀要』15, 21-26, 2014年

鯨岡峻『子どもの心の育ちをエピソードで描く―自己肯定感を育てる保育のために―』ミネルヴァ書房，2013年

第3章

厚生労働省『保育所保育指針解説書』フレーベル館，2008年

安部芳絵『子ども支援学研究の視座』学文社，2010年

ロジャー・ハート『子どもの参画―コミュニティづくりと身近な環境ケアへの参画のための理論と実際』（南博文監修，IPA日本支部，木下勇，田中治彦訳），萌文社，2000年

萩原元昭『子どもの参画―参画型地域活動支援の方法』学文社，2010年

杉本敏夫，豊田志保『考え・実践する保育相談支援』保育出版社，2012年

川村隆彦『事例と演習を通して学ぶソーシャルワーク』中央法規出版，2003年

F.P. バイステック『ケースワークの原則―援助関係を形成する技法』誠信書房，2006年

吉田眞理『生活事例からはじめる保育相談支援』青踏社，2011年

伊藤嘉余子『子どもと社会の未来を拓く 保育相談支援』青踏社，2013年

第4章

吉田眞理『生活事例からはじめる保育相談支援』青踏社，2011年

伊藤嘉余子『子どもと社会の未来を拓く 保育相談支援』青踏社，2013年

永野典詞，岸本元気『保育士・幼稚園教諭のための保護者支援～保育ソーシャルワークで学ぶ相談支援』風鳴舎，2014年

終 章

上野恭裕編著『子どもを育む母親援助の実際』保育出版社，2007年

柏女霊峰，橋本真美『保育者の保護者支援 増補版』フレーベル館，2010年

厚生労働省「保育所保育指針」2008年

小嶋玲子「主任保育士が行っている子どもの保育に関する相談・助言の現状と課題」『桜花学園大学保育学部研究紀要』第11号，2013年

須永進編著『改革期の保育と子どもの福祉』八千代出版，2007年

諏訪きぬ「子育て支援（総説）」『保育学研究』第52巻第3号，2014年

古川繁子編著『シリーズ9 事例で学ぶ家庭福祉論』学文社，2006年

文部科学省「幼稚園教育要領」

恩田彰・伊藤隆二編著『臨床心理学辞典』八千代出版，1999年

佐々木正美「障害児・者の家族援助―TEACCHのプログラムモデル―」『小児保健情報』30, 24-29, 1994年

下田茜「高機能自閉症の子をもつ母親の障害受容の過程に関する研究―知的障害を伴う自閉症との比較検討」『川崎医療福祉学会誌』15-2, 321-328, 2006年

索　引

あ　行

アイスブレーキング　80, 81
アスペルガー症候群　16
アセスメント　69, 71, 106
1.57 ショック　1, 9, 21
ウエルフェア　13
運営会議　145
ADHD　16
エコマップ　69, 71
LD　16
エンゼルプラン　21, 72
エンパワメント　31, 32

か　行

家庭復帰支援計画　116, 117, 118
グループエンカウンター　77
肯定的な感情　36
国際家族年　13
子育て支援センター　53
子ども家庭福祉　13
子ども観　147
子ども虐待　1
子ども・子育て支援新制度　21, 22
子ども子育て新制度　24
子どもの虐待　11
子どもの権利　30, 31
子どもの権利条約　13, 25, 27, 28, 30
子どもの最善の利益　2, 25, 26-31, 33, 99, 103
子どもの三間　10
子どもの貧困対策の推進に関する法律　13
子どもの福祉　13, 25, 26, 27
子の福祉　26
個別支援計画　88

さ　行

ジェノグラム　69-71

自己覚知　42, 44, 45, 149

自己肯定感　1
児童憲章　27, 28
児童の権利に関する宣言　27
児童福祉法　73
小1プロブレム　16
障害と受容　90
情報の共有化　101
信頼関係（ラポール）　39, 63
スキルアップ　115
全国保育士会倫理綱領　47, 129
ソーシャル・サポート・ネットワーク　139
ソーシャルワーク　3
措置から契約へ　13

た　行

男女共同参画社会　10

な　行

乳幼児の発達の特性　15
ノーマライゼーション　13

は　行

バイステックの7原則　36, 40
発達過程　17
フェイトシート　106
保育観　147
保育所保育指針　2, 18, 25, 33
防衛機制　42

や　行

幼稚園教育要領　23
要保護児童対策地域協議会　101

ら　行

ロールプレイ　132
ロール・プレイング　77

161

保育相談支援ワークブック

2016年8月30日　第一版第一刷発行　　　　　　　　◎検印省略

編著者　古　川　繁　子

発行所　株式会社　学　文　社　　　郵便番号　　　　153-0064
発行者　田　中　千　津　子　　　　東京都目黒区下目黒 3-6-1
　　　　　　　　　　　　　　　　　電　話　03(3715)1501(代)
　　　　　　　　　　　　　　　　　http://www.gakubunsha.com

©2016 FURUKAWA Shigeko Printed in Japan
乱丁・落丁の場合は本社でお取替します。　　印刷所　新灯印刷株式会社
定価は売上カード，カバーに表示。

ISBN 978-4-7620-2661-4